UN DÍA EN EL
MONTE
SANTO

Harvey García Bautista

Un día en el Monte Santo

PUBLICACIONES

UN DÍA EN EL MONTE SANTO ©

undiaenelmontesanto@gmail.com

Primera Edición: 2010

ISBN: 978-958-44-8100-9

Impreso en Colombia

http://concienciacristianaxxi.blogspot.com

@harveygarciab

Contenido

Cuando pienso en los momentos que pasamos juntos, en las frías madrugadas y en la penumbra de las noches, donde eres la única luz que ilumina mis pensamientos y la fuerza que conforta mi alma; postrado ante Ti, buscando Tu presencia en medio de los ligeros y efímeros sufrimientos que ahora padezco, y que en ocasiones se tornan intensos. Mi espíritu se regocija en Ti, mi Dios y mi Salvador; pues sólo de ti puedo recibir el abrazo y el consuelo perdurables sobre el tiempo presente, por lo que puedo caminar con pasos firmes y seguros hacia el maravilloso destino que has preparado para mí. Porque lo que padezco en Ti produce una gloria eterna que vale muchísimo más que todo el sufrimiento; para no fijar mis ojos en lo visible, ya que lo que se ve es pasajero, mientras lo que no se ve es eterno.

¡¡Te alabo, Padre, Señor del cielo y de la tierra!!

La diferencia entre Encontrar a Dios y tener un Encuentro Íntimo y Personal con Él

> Viendo Jehová que él iba a ver, lo llamó Dios de en medio de la zarza, y dijo: ¡Moisés, Moisés! Y él respondió: Heme aquí. Y dijo: No te acerques; quita tu calzado de tus pies, porque el lugar en que tú estás, tierra santa es. Y dijo: Yo soy el Dios de tu padre, Dios de Abraham, Dios de Isaac, y Dios de Jacob. Entonces Moisés cubrió su rostro, porque tuvo miedo de mirar a Dios.
>
> Éxodo 3: 4-6

$\mathcal{C}$onfinado al desierto, solitario en la penumbra de sus pensamientos; quizás con los recuerdos del hogar lejano, el abrigo y la comodidad de un estilo de vida que arrastraron los areniscos vientos de los años. Llevándose lejos la imagen de un príncipe de Egipto, que no había olvidado su origen hebreo en medio de los deleites del palacio, sino por el contrario, al llegar a la edad adulta optó por apoyar a los suyos en lugar de colocarse en favor de los opresores. Allí estaba Moisés, sin más voz que escuchar que la de su propio corazón en medio del balido de los rebaños, que como un coro, quizás le hacía pensar en el fracaso. Sintiéndose extraño y abandonado a su suerte en medio de una cultura completamente ajena a la suya *(Ex. 2:22)*; suerte a la que le condujeron sus pasos, cuando conmovido e indignado al ver la situación de opresión en la que se encontraban sus hermanos, quiso hacer justicia por sus propias manos *(Ex. 2:11-12)*. Tal vez el desierto era un mejor lugar para aclarar las ideas, pues aún cuando Moisés no fuera consciente de esto, su corazón se abstraía en el torrente de tres culturas, la hebrea, la egipcia y la madianita. Moisés huyó a Madián (מִדְיָן = *Midián, un hijo de Abraham*); región que ocuparon los madianitas al norte del desierto de Arabia, cerca del golfo de Ákaba. Madián limitaba al noreste con Edom. Sus límites que nunca han sido determinados, variaron indudablemente en gran manera a lo largo de la historia; la tierra de Madián tomó su nombre de uno de los hijos de Abraham y su esposa Cetura, con sus hermanos y las familias de ellos y con regalos de Abraham se alejaron de Isaac, hacia la "tierra oriental" *(Gn. 25:6)*. A pesar de ser descendientes de Abraham y Cetura *(Gn 25:2)*, los hechos relacionados con la circuncisión de los hijos de Moisés *(Ex. 4:25)* indican que no practicaban este rito, tal como es verdad casi universalmente entre los árabes de hoy día. La adoración de Jetro a Jehová (יְהֹוָה = *Yejová, (el) auto Existente o Eterno*), cuando llegó a Moisés en el desierto *(Ex. 18)*, muestra que mientras ellos adoraban a otros dioses creían también en Jehová, lo que implica una mezcla extraña de prácticas y creencias. Cuando Moisés creció fue separado de su madre por segunda vez, ella había sido encargada por la hija de Faraón para criarlo cuando ésta lo encontró a la orilla del río, lo cual ocurrió cuando Moisés tenía tres meses de nacido *(Ex. 2:7-10)*. Quizás por esta maravillosa provisión de Dios, Moisés pudo ser educado en las tradiciones hebreas, por lo cual nunca olvidó su origen mientras recibía las enseñanzas e instrucciones que se daban a los príncipes egipcios, que de acuerdo con los historiadores, era muy amplia y profunda. El corazón de Moisés debió oprimirse, como se puede oprimir el corazón de una persona en nuestro tiempo, cuando hay diversidad de pensamientos a cerca de Dios. Muchos hemos sido levantados con los fundamentos de un catolicismo que nunca practicamos, pero al cual aludíamos como fundamental (como para salir del paso) cuando se nos predicaba la verdad de Cristo, mientras nos sentíamos más cómodos con otras manifestaciones religiosas como el gnosticismo.

El desierto (מִדְבָּר =*midbbár*) era un lugar ideal para llevar los rebaños, usado como tierra de pastos, no obstante por ser una llanura abierta, no cultivada donde los animales salvajes vagan con libertad, abundaban los peligros. Según la creencia judía, los espíritus malos vivían en el desierto. Era un lugar para poner a prueba la entrega y para perfeccionar la comprensión. Moisés era una persona instruida en las leyes y costumbres egipcias por lo cual su vida en el desierto debió ser un tiempo de muchas pruebas y cambios en su interior. El desierto fue el lugar de prueba para los israelitas, y así sucede con el cristiano, para humillarlo, y para mostrar lo que hay en su corazón; pero, es en ese lugar en el que se llega a un encuentro íntimo y personal con el Dios viviente. No es que el Señor planee enviarnos al desierto para tratarnos duro, sino que cuando entramos a la fe, muchas veces lo hacemos por un camino equivocado, por lo que llegamos al desierto. ¿Cuál es ese camino? El camino de nuestra carne. A propósito, esto es algo que ocurre a la mayoría de las personas cuando pretendemos acercarnos a una relación con Dios sin hacer una triple entrega de nuestro ser (intelecto, emociones y voluntad), entramos en un desierto emocional, espiritual y material. Esto le ocurrió a Moisés, mientras se alejó de Egipto hacia el desierto perdió de vista el sueño de libertad de su pueblo. Tal vez la nueva vida emprendida sin muchos compromisos ni propósitos, estaba definiendo la existencia de Moisés, según sus propios criterios, sin percatarse que Dios estaba obrando *(Ex. 2:25)*. Esto es lo que pasa de continuo en la iglesia, tantas personas llegan por el camino de la carne a vivir una fe basada en las emociones, sentados en la comodidad de sus asientos, domingo tras domingo sin que pase nada en sus propias vidas. Una fe intelectual, que pretende racionalizar la obra de Dios en meros actos humanos; una fe emocional, que sólo busca la experiencia mística, extrasensoria del culto; una fe voluntariosa, tendente a obrar por sus caprichos alejados de la voluntad de Dios. Esos son tres caminos, por los que generalmente se pretende entrar a una relación con el Señor, cuando Jesús mismo dijo: *"Lo que es nacido de la carne, carne es; y lo que es nacido del Espíritu, espíritu es"* (Jn. 3:6).

Sin saberlo Moisés, los hilos invisibles del amor de Dios guiaron sus pasos hasta el mismo "Monte de Dios", Horeb (חֹרֵב=*Kjoréb*). Usted, como muchas personas, actualmente puede estar pasando por esta situación, y de no ser así, lo más probable es que se dé cuenta que a pesar del conocimiento, de las obras y de la posición a la que ha llegado, usted necesita tener una experiencia con Dios; algo que marque la diferencia en su vida, un encuentro íntimo y personal con Dios en su Monte Santo. Cuando le apareció el Ángel de Jehová a Moisés, marcó la diferencia *(Ex. 2: 2)*. La figura del ángel (,מַלְאָךְ = *malák, embajador, enviado, mediador, mensajero, ángel*) en el Antiguo Testamento es de suma importancia, el cual era un representante o enviado de Dios que tenía una misión específica que cumplir. Tal conocimiento asombró a Moisés, de tal manera que decidió acercarse, lo más probable por curiosidad para ver por qué la zarza ardía y no se consumía. Desde allí, Dios lo vio y lo llamó por su nombre, a lo que Moisés respondió con prontitud: *"Heme aquí" (Ex. 3:4)*, demostrando su obediencia y disponibilidad a la voz divina. Esto es lo que cada persona que se acerca a Dios debe tener, obediencia y disponibilidad a la voz divina. Al hacer una triple entrega de nuestro ser, nos preparamos para experimentar lo verdadero de un encuentro íntimo y personal con el Dios de Abraham, de Isaac y de Jacob. Es definitivo, si usted quiere tener un encuentro personal con Dios, debe mostrar obediencia y disponibilidad a la voz divina. Dios buscó con Moisés una relación continua de amor que fue real y personal. Dios reveló Su voluntad a Moisés como consecuencia de ésta relación de entrega y obediencia *(Ex. 24: 12, 15, 16,18)*. Hay muchas personas corriendo por el mundo en un activismo religioso, buscando hacer cosas para Dios, mientras se muestra muy poco conocimiento de Él con sus actos. Un encuentro personal con Dios, requiere despojarnos de todo aquello que representa la corriente del mundo ante Su presencia *(Ex. 3:5)*. Quitarse las sandalias era una costumbre que Moisés conocía muy bien, porque se utilizaba para entrar en un santuario, templo o casa particular, indicando así respeto y sumisión. El lugar donde estaba Moisés fue santificado por la presencia de Dios. Para usted entrar en el lugar donde el Señor le espera, debe quitar el calzado de sus pies, con el que ha venido transitando por el mundo, esto es, la forma enseñada por el hombre, su filosofía, su religiosidad y su autosuficiencia, para rendirse en humildad al supremo uno y trino Dios. Esto es lo que representa la desnudez de los pies ante la zarza ardiente, allí no hay argumentos, nadie puede enseñar a Dios, los pies descalzos son la evidencia de que somos seres creados; esto mismo es lo que hacen los serafines delante de la presencia del trono de Dios *(Is. 6:2)*, éstos sirven a Dios en Su gloriosa y santa presencia por toda la eternidad, para esto fueron creados. Aún así, ellos cubren su rostro y sus pies (evidencia de ser creados), pues aunque son los seres más inmediatos a la presencia de Dios, no son iguales a Dios, por esto su reverencia reconoce que uno y sólo uno es santo, santo, santo, Jehová el Dios omnipotente.

Moisés llegó a conocer a Dios por experiencia cuando le obedeció y Dios realizó su obra por medio de él. Sólo a través de las experiencias que tenemos con Él llegamos a conocerle íntimamente. Para tener ese tipo de experiencia, usted deberá ir al lugar en donde los siervos de Dios se encontraron con Él en todo el contexto de la Biblia, en el Monte Santo. Lugar al que se llega a través del único camino dispuesto por Dios para llegar a Él, Jesucristo *(Jn. 14:6)*. El salmista David dijo: *"¿Quién subirá al monte de Jehová? ¿Y quién estará en su lugar santo? El limpio de manos y puro de corazón; El que no ha elevado su alma a cosas vanas, Ni jurado con engaño. El recibirá bendición de Jehová, Y justicia del Dios de salvación. Tal es la generación de los que le buscan, De los que buscan tu rostro, oh Dios de Jacob. Selah"* (Sal. 24:3-6). Tal generación es la que está buscando Dios que le adore en espíritu y en verdad *(Jn. 4:23)*, ese es el propósito de éste libro, no pretendiendo mostrar un método más de los que abundan en el mundo, sino escudriñando el tesoro escondido desde los siglos para cada uno de nosotros, la preciosa palabra de Dios. La palabra profética más segura *(2 P.1:19)*, que le llevará a usted a manifestarse al mundo como la generación de los que busca a Jehová (דור = *dor; gr.* γένος = *génos, generación, linaje, descendiente, nación, morada)*, el real sacerdocio, la nación santa, el pueblo adquirido para anunciar las maravillas del reino de los cielos. Allí, en el Monte Santo de Dios, tal como lo hizo con Moisés, el Señor se revelará a Sí mismo, Sus planes y Sus propósitos para su vida, y usted conocerá verdaderamente al Dios que presenta la Biblia en todo su contexto.

CAPÍTULO UNO

Camino del Monte Santo

Así dijo Jehová: Paraos en los caminos, y mirad, y preguntad por las sendas antiguas, cuál sea el buen camino, y andad por él, y hallaréis descanso para vuestra alma.

Jeremías 6:16

*C*aminar bajo el sopor que imprimen los días presentes, plagados de la eterna rutina, las dudas y la incertidumbre que nos embarga, ante los eventos de un mundo que se resquebraja paso a paso, día a día; ante la mirada indiferente de una multitud impelida hacia el consumismo y la preocupación por las posesiones materiales. Que se olvida de los rostros del hambre, las guerras, la violencia, las injusticias y la desigualdad social; es algo que estrecha el alma, que duele en el corazón, que desmotiva y nos hace preguntarnos: ¿Dónde está ese pueblo que es la gloria de Su alabanza?

Tal vez sea el temor que infunden las circunstancias presentes en el mundo, lo que está ocasionando esa terrible parálisis del alma a muchos; temor que los lleva a aferrarse a los ofrecimientos de aquellos que se aprovechan de los incautos, que llevados por la necesidad y el afán, caen en el abismo profundo del engaño. Siguiendo y practicando enseñanzas que llevan por el camino del error; oyendo la voz de los que hablan grandes cosas, de los que *"blasfeman de cuantas cosas no conocen; y en las que por naturaleza conocen, se corrompen...De los que han seguido el camino de Caín, se han lanzado por lucro en el error de Balaam y perecen en la contradicción de Coré...Estos son murmuradores, querellosos, que andan según sus propios deseos, cuya boca habla cosas infladas, adulando a las personas para sacar provecho".* *(Judas 10-16).*

Estos son tiempos peligrosos, aquellos de los que habló claramente el Espíritu Santo a través del apóstol Pablo, pues muchos son los que hoy corren a la búsqueda de aquello que llene el vacío de sus corazones y traiga satisfacción a sus almas sedientas de éxito y riquezas; por lo que han abierto sus mentes a las enseñanzas de espíritus engañadores y a doctrinas de demonios *(1 Ti. 4:1; 2 Ti. 3:1-13).* Por esto, en medio de la creciente era que hoy vivimos, son pocos los que realmente tienen hambre y sed de justicia, ese anhelo intenso de rectitud personal y por consiguiente de justicia y equidad en todos los aspectos de la humanidad. Valores que cada vez más, se pierden en el horizonte de eventos bochornosos de una sociedad que avanza en lo tecnológico; pero que da pasos agigantados en retroceso de los aspectos morales y espirituales. Esto causa una parálisis, no física, sino esa causada por el miedo que afecta la mente, las emociones y la voluntad, y se llama parálisis del alma.

Al mirar a su alrededor, usted puede darse cuenta que muchas personas, tienen temor al fracaso, a la enfermedad, a envejecer, a la pobreza, a la muerte, al compromiso de una relación afectiva duradera, a no ser aprobados, etc. La verdad es que todos experimentamos temor alguna vez en la vida, y esta es la causa de que muchas personas se sientan incapacitadas para seguir adelante a afrontar su destino y vencer sobre las adversidades. Es como un círculo que se cierra a cada paso que se da en la vida, y del cual tratan de escapar abriendo cada vez una puerta nueva hacia un camino incierto, que a veces parece el correcto, pero que al final es un sendero de fracaso *(Pr. 16:25)*. Esa agobiante sensación de no estar yendo en la dirección correcta es una clara señal de que se debe hacer un alto en el camino. Pues cuando cada paso que se ha dado hacia la búsqueda de esa verdad que calme la sed, tan sólo ha traído un sinsabor al alma; al punto que nada de lo que se dice parece nuevo o realmente importante para ser aplicado a la vida personal, es un claro indicio de que se va en la dirección equivocada. Pero también puede estar sucediendo que la calidad de las circunstancias adversas que le rodean, no le permiten ver con claridad el camino a seguir; o en el peor de los casos, que se esté experimentado una tremenda frustración, pues por más que se esfuerza en cumplir con las enseñanzas recibidas, no se obtienen mayores resultados. Aún así, todos tenemos el deber de caminar y avanzar hacia el propósito eterno de Dios en Cristo Jesús, pues es Él quien tiene el poder de devolvernos la capacidad de caminar en Sus sendas, cuando uno la ha perdido. Esto es lo que representa la sanación externa que resulta de una renovación interior, que Jesús afirmaba estar en condiciones de efectuar (*Mr. 2:9-10*). La potestad (*gr.* ἐξουσία = *exousía*), el poder de transformar las circunstancias que nos rodean, para hacernos caminar en Sus propósitos. El mismo Jesús se ve retratado en los evangelios en la actitud de caminar y de hacer caminar a otros bajo las condiciones que normalmente no se le permite al hombre, como lo indica claramente el evangelio de Mateo, el acto físico tenía significación espiritual (*Mt. 14:22-33*). El acto de caminar (*gr.* περιπατέω = *peripatéo*) puede representar toda la diversidad de actividades humanas para las que el hombre impotente recibe restauración, e impotente es como uno se puede llegar a sentir en medio de tan grande nube de eventos dolorosos, la cual todos tenemos que afrontar mientras transcurre el maravilloso viaje de la vida en este mundo.

Así que en medio de la crisis que pueda estar experimentando o cualesquiera sean las circunstancias que esté atravesando, usted debe tener un nuevo comienzo. Con un pleno convencimiento que este es un tiempo nuevo para su vida, tiempo de poder en Cristo Jesús para entrar en una dimensión de fe la cual nunca antes experimentó; es tiempo de salir de la corriente de fe del mundo y entrar en los propósitos de Dios para su vida, *"Por lo cual, levantad*

*las manos caídas y las rodillas paralizadas; y haced
sendas derechas para vuestros pies, para que lo cojo
no se salga del camino, sino que sea sanado"* (Heb.
12:12-13). Es tiempo de que comience a caminar la
senda que Dios preparó desde antes de la fundación
del mundo, la cual Cristo abrió para usted. Sí, el
camino está abierto para que usted pueda transitar
libremente por él, pero quizás a pesar de usted
conocerlo no sabe como encaminarse en él. Jesús es
el camino (*Jn. 14:6*), y usted no podrá llegar a una
relación plena y próspera con Dios, el Padre, mientras
no se atreva a adentrarse a través de la puerta que nos
introduce en el camino, Jesús. Él es el único camino
que le va a llevar al lugar donde Dios ha prometido
tener un encuentro personal con los que creen en Él, a
Su Monte Santo: *"...Jehová de los ejércitos hará en
este monte a todos los pueblos banquete de manjares
suculentos, banquete de vinos refinados, de gruesos
tuétanos y de vinos purificados. Y destruirá en este
monte la cubierta con que están cubiertos todos los
pueblos, y el velo que envuelve a todas las naciones.
Destruirá a la muerte para siempre; y enjugará Jehová
el Señor toda lágrima de todos los rostros; y quitará la
afrenta de su pueblo de toda la tierra; porque Jehová
lo ha dicho. Y se dirá en aquel día: He aquí, éste es
nuestro Dios, le hemos esperado, y nos salvará; éste es
Jehová a quien hemos esperado, nos gozaremos y nos
alegraremos en su salvación. Porque la mano de
Jehová reposará en este monte..."* (Is. 25:6-10). De
manera que la Biblia nos declara que hay un lugar
preparado por Dios para tener un encuentro especial

con usted y sólo hay una manera de subir hasta este maravilloso lugar, entrando por el camino que conduce a la cima del Monte Santo donde Él aguarda pacientemente por cada uno de los que pertenecen a Su pueblo, Jesucristo, quien con su encarnación ha abierto un nuevo camino por el que el hombre puede llegar hasta Dios (*Heb. 10:19-20*). Él es la puerta (*Jn 10:9*), pero es una puerta que a pesar de estar visible en el mundo, es una puerta por la que pocos se atreven a entrar. Es visible precisamente a través de aquellos que predican el evangelio y muchos son los que hoy reconocen a Jesús como salvador, como recurso en medio de las dificultades, como salida de la escasez económica y de la enfermedad; pero la realidad es que pocos quieren cruzar el umbral de ésta puerta, o pocos logran hacerlo. Puesto que es una puerta estrecha por la que cuesta entrar ya que se requiere de esfuerzo, como lo dijo el mismo Jesús: *"Esforzaos a entrar por la puerta angosta; porque os digo que muchos procurarán entrar, y no podrán"* (*Lc.13:24*). Esforzarse (gr. $\dot{\alpha}\gamma\omega\nu\acute{\iota}\zeta o\mu\alpha\iota$ = *agonízomai*, luchar, pelear, también usado figurativamente para "contender con un adversario"), significa que hay que sobreponerse a los obstáculos que interponen los tres enemigos del hombre: la carne, el mundo y Satanás. Obstáculos que impiden ver con claridad la puerta angosta que conduce a la salvación. Hoy multitudes miran a Cristo como su salvador, le rinden adoración, levantan sus manos, se quebrantan en su presencia; otros, lloran y gimen en medio de una experiencia mística, pero nada más.

Cruzar el umbral implica adentrarse por un lugar donde la dieta espiritual resulta rigurosa y difícil de aceptar para aquellos que aún buscan sus propósitos particulares, antes que los de Dios. Implica renunciar a muchas cosas en este mundo para poder pasar al otro lado y tener la entereza suficiente para renunciar a la vanagloria que infla el alma y produce un sentimiento de sabiduría y grandeza en los insensatos; renunciar al pecado que no se puede ver y que se ignora porque hay una llenura tal de conocimiento, que para toda mala actitud, todo mal pensamiento, toda habladuría y toda mala obra se tiene una respuesta de auto justificación que logra imponer ante los demás, las razones propias y egoístas (*1 Jn. 1:8*); porque aunque Jesucristo ya nos justificó ante Dios el Padre, la palabra de Dios nos enseña claramente que delante de Él no se justificará ningún ser humano (*Sal. 143:2*), por lo que se debe proceder al arrepentimiento, reconociendo que se necesita un cambio de vida. Justificarse o purificarse (צָדַק = *tsadác*) sería pretender absolvernos de la culpa en nuestras fuerzas, negando la eficacia del sacrificio de Cristo, quien es el único que puede presentarnos justos e inocentes (*gr.* δικαιόω = *dikaióo*) por Su sacrificio supremo (*Ro. 5:1*). Mientras un cambio de actitud, implica entrar en un estado de plena conciencia de una relación íntima y personal con el Dios que se busca a través de Cristo Jesús; renunciando al viejo hombre que está influenciado y viciado por la corriente del mundo. Reconociendo que el desánimo ha llegado a su vida, a tal punto de sentirse como una isla flotante en el mar de las contradicciones. Porque el dejarse llevar por todo viento de doctrina y pensamiento humano es ir en contra del propósito de Dios, lo que es igualmente pecado, pues Él dice en Su palabra: *"Así que vosotros, oh amados, sabiéndolo de antemano, guardaos, no sea que arrastrados por el error de los inicuos, caigáis de vuestra firmeza"* (2 P.3:17). Y la apatía, el desánimo y la falta de compromiso con la verdad, es pecado; pero, el beneficio que permanece en el presente para los que aceptan el ofrecimiento del Señor, es que Él es amoroso y misericordioso, por lo que dice: *"si confesamos nuestros pecados, él es fiel y justo para perdonar nuestros pecados, y limpiarnos de toda maldad"* (1 Jn 1:9). "Limpiarnos" *(gr. καθαρίζω = kadsarízo, limpiar, purificar, desaparecer)*, Dios es el único que puede hacernos limpios, purificarnos y justificarnos haciendo desaparecer nuestras culpas delante de Su presencia santa e inmaculada.

Ahora, usted ya se ha dado cuenta de esta verdad, "es necesario entrar en el camino a través de una genuina relación personal con Cristo". Puesto que la palabra de Dios nos enseña que los malos no se levantarán en el juicio, ni los pecadores en la congregación de los justos, por que Él conoce el camino de los justos, por lo cual la senda de los malos perecerá (*Sal. 1:5-6*), el corazón de cada creyente debe estar abierto a esta verdad: No todos los que dicen Señor, Señor subirán al Monte Santo de Dios. Jesús lo declara, como previendo que la actitud de muchas personas en los postreros tiempos sería esta:

"No todo el que me dice: Señor, Señor, entrará en el reino de los cielos, sino el que hace la voluntad de mi Padre que está en los cielos. Muchos me dirán en aquel día: Señor, Señor, ¿no profetizamos en tu nombre, y en tu nombre echamos fuera demonios, y en tu nombre hicimos muchos milagros? Y entonces les declararé: Nunca os conocí; apartaos de mí, hacedores de maldad" (Mt. 7:21-23). Pero la voluntad de Dios es que muchos lleguen a este encuentro un día y puedan disfrutar la gran cena que está preparada en este lugar *"…Bienaventurados los que son llamados a la cena de las bodas del Cordero"* (*Ap. 19:9*). El Señor está llamando a la humanidad a participar de su ofrecimiento, pero muchos aún se niegan a entrar por la puerta angosta que conduce a su presencia (*Mt. 22:1-14*). Es un lugar tan cálido, que abriga con un amor que excede a todos los ofrecimientos del mundo, cuando la humanidad anda a la búsqueda de mitigar la soledad; tan seguro, que aunque la tierra sea removida y se traspasen los montes al corazón del mar, permanezco inconmovible; tan lleno de misericordia, que cuando soy rechazado, perseguido y calumniado, allí encuentro aceptación; tan pleno de verdad, que cuando llegan las dudas y los tropiezos, una sola de sus palabras me libera de todo peso; tan lleno de bendiciones, que cuando logro entrar, puedo ver que nada de lo que existe en este mundo se compara con lo que allí hay. Aún así, muchos prefieren seguir su rumbo por la puerta ancha, la cual lleva por la aparente seguridad de un camino sembrado de bellos

pero ilusorios ofrecimientos. Camino donde la vanidad está a la orden del día; ¿Quién hizo? ¿Quién logró? ¿Quién es más? ¿Quién sabe más?, mío, mi, yo...y más yo. El Monte Santo es un lugar donde el Señor le va a revelar la verdad que lo hará libre para adorarlo, servirlo y vivir la vida plena en Cristo, que lo llevará a un nivel espiritual que usted ahora no está evidenciando en su vida, pero que se da cuenta que necesita para vencer al mundo (*Jn. 16:33*); Allí una sola mirada suya, nos declara que no somos tan altos como creemos, ni tan pequeños como nos vemos. Su presencia infinita nos revela lo que somos y lo que no somos; pero, lo más importante es que cuando logramos entrar allí y tenemos conciencia de dónde estamos, entonces todo cambia. Nuestros pensamientos, nuestras acciones y todo lo que somos, es transformado. Nadie puede pretender haber entrado por la puerta estrecha que conduce a la vida y seguir pensando, actuando y caminando del mismo modo. Por esto es necesario que usted ore ahora mismo y le pida al Espíritu Santo que le guíe y le ayude a iniciar una nueva experiencia con Dios a través de la lectura de este libro y que al culminar, su mente halla sido renovada de una manera poderosa por la palabra de Dios. Sólo Su Luz y Su Verdad le guiarán y le conducirán al Santo Monte de Dios (*Sal. 43:3*).

Bien, ahora usted sabe lo que se debe hacer para encaminarse hacia la cima del Monte Santo de Dios, entrar por la puerta angosta. Esforzarse por encontrar ese camino, que ya está abierto por el Señor Jesucristo, pero que está encubierto por causa del influjo de Satanás que impide que los ojos de muchos sean abiertos para verlo (*2 Co. 4:3-4*), razón por la cual el corazón de muchos se ha engrosado y endurecido a la realidad espiritual que envuelve al hombre (*Mt. 13:15*). Así que usted deberá esforzarse y ser muy valiente para entrar en el camino, aunque las dificultades y los ofrecimientos de este mundo quieran impedírselo obligándole a caminar por una senda ajena a los planes de Dios para su vida. Pero, ¿cómo hacerlo? Jesucristo es el camino, la verdad y la vida (*Jn.14:6*). Si usted rinde su intelecto, sus emociones y su voluntad a Él, entonces estará dando los tres primeros pasos a través del umbral de la puerta angosta. Usted se estará haciendo esta pregunta ¿por qué entregar estas tres áreas de mi vida? La respuesta es sencilla, como lo dijimos anteriormente, porque allí es donde usted como creyente libra una batalla contra el mundo, Satanás y el pecado. Cuando usted entrega su intelecto a Jesucristo, está rindiendo aquella parte del ser humano que se resiste a creer en lo que no puede ver, es decir se acerca a Dios por fe, creyendo que le hay aunque no le pueda ver y que puede hacer por usted aquellas cosas que según la razón resultan imposibles (*Heb. 11:6*). Durante muchos años he visto a personas tratando de racionalizar la obra de Dios, enmarcando a Dios en la reducida y limitada manifestación conceptual de sus mentes, razón por la cual nunca pueden ir más allá en su relación con Dios. Dando mayor crédito a la sabiduría de este mundo, representada en filosofías y argumentos falsos para resaltar su mediano conocimiento de este mundo, que al poder liberador del evangelio de Cristo (*1 Co. 1:18-31*). Eso se llama la sabiduría del mundo, a la cual usted debe renunciar para vivir una experiencia nueva al lado de Cristo, *"Porque la palabra de la cruz es locura a los que se pierden; pero a los que se salvan, esto es, a nosotros, es poder de Dios" (1 Co. 1:18).* Y la sabiduría del mundo, según Dios, es terrenal, animal y diabólica (*Stg. 3:15*); así que el primer paso es renunciar a esa sabiduría que niega a Dios. No hablo del conocimiento, ligado a la inteligencia y la razón natural del hombre que le capacita para aplicar sus habilidades en interacción con la creación, para transformar y ajustar su entorno en el desarrollo y la estructuración de lo social y tecnológico. Las ciencias que ayudan al hombre a proyectarse en la tierra como señor (*Gn. 1:28*), sino más bien, no anteponiendo tal conocimiento como un pretexto vanidoso que niega a Dios y mejor disponiendo el intelecto para la aceptación de la palabra de Dios como la verdad para su vida, esa verdad que lo va a cambiar todo y que va a dar un nuevo sentido a todo lo que hace personal, familiar, ministerial y profesionalmente…una libertad de conciencia sin límites, pues el cristianismo no es un salto a las tinieblas de lo desconocido, cuando escudriñamos la palabra de Dios comprendemos la verdad que nos capacita para toda buena obra y nos hace libres. Jesús dijo: *"Si vosotros permaneciereis en mi palabra, seréis verdaderamente mis discípulos; y conoceréis la verdad, y la verdad os hará libres"* (*Jn. 8:31-32*). Así que, rendir su intelecto traerá como beneficio el que Dios tome en sus manos su vida como un instrumento aprobado, encaminando todo ese potencial que hay en usted hacia Sus propósitos y Su voluntad; en una manera que usted jamás lo hubiera imaginado, a tal punto que cada día de su existencia traerá una nueva experiencia que le dejará maravillado, y entonces, comprenderá por qué sus misericordias son nuevas cada día *(Sal. 136:1-21)*.

Ahora, es necesario que aparte del intelecto se rindan las emociones, que son esos sentimientos o reacciones a eventos o experiencias que generalmente nos impiden conocer la diferencia entre nuestros deseos o propósitos particulares y los propósitos y la voluntad de Dios para nuestra vida. La incapacidad de poder distinguir entre los diferentes tipos de emociones, ha hecho que muchas personas se sientan confundidas en su relación con Dios. Las emociones son una parte normal de nuestra vida ya que somos por naturaleza criaturas emocionales. Cuando Dios hizo al hombre, lo formó del polvo de la tierra, y luego al soplar en su nariz aliento de vida (נְשָׁמָה = *neshamá*), fue el hombre un ser viviente *(Gn. 2:7)*. Un alma viviente (נֶפֶשׁ חַי = *néfesh Kjai*), pues la unión del soplo de Dios con la masa de barro trajo como resultado una tercera naturaleza al hombre, el alma *(1 Ts. 5:23)*, afectada directamente por las emociones que interactúan con su entorno, haciéndole manifestar reacciones a los diferentes estímulos que el mundo ofrece, y es allí donde Dios quiere trabajar para que seamos completamente salvos *(Stg. 1:21)*. La emotividad es una característica fundamental y normal de todo ser humano, que le permite reaccionar a todas las excitaciones externas o internas. Todas esas excitaciones pueden ser llamadas "circunstancias". Las personalidades diferentes reaccionan a Dios emocionalmente diferente. Una persona puede ser agresivamente extrovertida y altamente emocional mientras otra puede ser calmada, reservada e introspectiva. Debido a que las emociones varían grandemente, no debemos depender de ellas. El depender de las emociones o el buscar una experiencia emocional, ha sido la causa por la cual muchas personas no tienen seguridad de una relación personal con Dios mediante Jesucristo. La Biblia nos enseña que muchos de los que siguieron a Jesús volvieron atrás al ser confrontados con la verdad (*Jn. 6:60-69*); estos no estaban dispuestos a experimentar cambios profundos en sus vidas, tan sólo un emocionalismo era lo que les había impulsado a seguir al maestro. Esta es la razón por la que vemos a tantas personas yendo de un lugar para otro, buscando una experiencia, un toque, un poder que les convenza de la obra de Dios. La seguridad está basada en la Palabra de Dios. Cuando usted llena los requisitos establecidos por Dios, revelados en Su Palabra, usted tiene la plena seguridad que es un hijo de Dios. El cristiano vive por fe (confianza) en la fidelidad de Dios mismo y su Palabra.

Además de involucrar el intelecto y las emociones, el ser cristiano y el estar seguro de serlo, involucra la voluntad. Cristo enfatizó la importancia de la voluntad del hombre en relación con la seguridad de la salvación. Él dijo: *"El que quiera hacer la voluntad de Dios, conocerá si la doctrina es de Dios, o si yo hablo por mi propia cuenta". (Jn. 7:17).* De acuerdo con estas palabras de Cristo, podemos ver que a menos que estemos dispuestos a obedecer la verdad, nunca podremos conocer la verdad; a menos que estemos dispuestos a caminar en la luz, nunca veremos la luz. Por esto entrar por la puerta estrecha requiere de un decisión radical de cambiar nuestra vida a través de una triple entrega a Cristo, intelectual, emocional y voluntariamente.

Lo que sigue es aquello que Dios ha preparado desde antes de la fundación del mundo para usted y para mí; un camino desconocido para muchos, porque en su propia sabiduría, el hombre se extravió de él, entrando por la puerta ancha que lleva a un espacioso camino que conduce a la perdición (*Mt. 7:13*). Pero lo que Dios preparó es algo maravilloso, un camino nuevo, no es el camino de un evangelio viciado por los planteamientos de muchos, que teniendo entenebrecida su conciencia, hacen divagar al pueblo de Dios en pos de fábulas profanas (*2 Ti. 4:3-4*), sino un *"lugar cuyas piedras son zafiro, y sus polvos de oro. Senda que nunca la conoció ave, Ni ojo de buitre la vio; Nunca la pisaron animales fieros, Ni león pasó por ella" (Job 28:6-8).* Lugar donde verás cosas que ojo no vio, y oirás cosas que oído jamás oyó, ni han subido en corazón de hombre (*1 Co. 2:9*), porque estas son las que Dios preparó para los esforzados y valientes que deciden encaminarse rumbo a Su Santo Monte. Aquí hay algo especial y maravilloso, Dios mismo le mostrará la senda de la vida y usted hallará en su presencia plenitud de gozo y delicias a Su diestra para siempre (*Sal. 16:11*), algo que cambiará completamente su vida. Al entrar en este camino usted se está acercando al lugar del cual no querrá apartarse jamás, pues no se está acercando al monte que se podía palpar, y que ardía en fuego, a la oscuridad, a las tinieblas cuando Hashem descendió sobre el monte Sinaí en un estallido de fuego, rodeado por Su gloriosa presencia y la tierra se estremeció, y hubo tronar y relampagueo. Aquel monte donde el pueblo de Israel oyó el sonido de un shofar tornándose continuamente más fuerte, creciendo en intensidad hasta que alcanzó el más grande volumen que las personas podían soportar con posibilidad. Donde el fuego del monte Sinaí se elevó hasta los mismos cielos, y la montaña humeó como una caldera. El pueblo tembló de miedo y el mismo Moisés, que ya había estado en la presencia de Dios estaba espantado *(Ex. 20. 18-26; Dt. 4: 11-12 y 5:22-27)*. Sino que está próximo a subir "*al monte de Sión, a la ciudad del Dios vivo, Jerusalén la celestial, a la compañía de muchos millares de ángeles, a la congregación de los primogénitos que están inscritos en los cielos, a Dios el Juez de todos, a los espíritus de los justos hechos perfectos, a Jesús el Mediador del nuevo pacto, y a la sangre rociada que habla mejor que la de Abel*" *(Heb. 12:18-24)*.

Padre celestial, gracias por tener una puerta dispuesta y abierta constantemente para que yo pueda entrar a tu presencia. Ayúdame a cruzar el umbral y a no retroceder para desistir del camino que tú preparaste desde antes de la fundación del mundo, para llegar a un encuentro íntimo y personal contigo. Ahora te entrego mi mente, mis emociones y mi voluntad para que obres en mí, haciéndome un odre nuevo en el cual puedas depositar el vino nuevo de tu sabiduría y conocimiento. Amén

Subiendo al Monte Santo

¿Quién subirá al monte de Jehová?
¿Y quién estará en su lugar santo?
El limpio de manos y puro de
corazón; El que no ha elevado su
alma a cosas vanas, Ni jurado con
engaño. El recibirá bendición de
Jehová, Y justicia del Dios de
salvación.

Salmo 24:3-5

l haber empezando a leer este segundo capítulo, es un indicio de que usted ha sido tocado por el Espíritu Santo, quien le está invitando a encaminarse hacia las alturas del Monte Santo de Dios. Pero, ¿Qué significa esto de subir al Monte Santo de Dios? ¿Y por qué hacerlo cuando uno puede entablar una relación con Dios, aquí y ahora mismo? La respuesta misma está en la palabra de Dios, que en todo su contexto nos muestra la importancia de los lugares altos al momento de Dios revelarse a Sí mismo, Sus planes y Sus propósitos a la humanidad. Las montañas son símbolos de continuidad eterna (*Hab. 3:6*), estabilidad (*Is. 54:10*) y objetos de la potencia del Creador (*Sal. 65:6*), y de su Majestad (*Sal. 68:16*). Forman el escenario de las teofanías y se les pide que sean testigos de sus relaciones con su pueblo (*Mi. 6:2*). El monte alto, simboliza un lugar donde se encuentran el cielo y la tierra, el lugar donde Dios se revela. El monte alto también recuerda al monte Sinaí, donde Moisés se encontró con Dios, causando grandes consecuencias. Moisés subió al monte Sinaí y la nube de la gloria de Dios le cubrió cuando fue confirmado el pacto con el pueblo de Israel (*Ex. 24:16*). Allí el Señor se reveló a Moisés de una manera especial en una relación continua de amor; y le fueron entregados los mandamientos; es decir, se reveló a Sí mismo, Sus planes y Sus propósitos. Elías al huir de Jezabel, fue conducido por Dios durante cuarenta días y cuarenta noches hasta el monte Horeb; allí Él se reveló a Sí mismo, Sus planes y Sus propósitos (*1 R. 19:1-18*). Eliseo oró cuando fueron a prenderlo junto con su siervo, y Dios reveló su presencia en el monte con gran ejército de las huestes celestiales, Sus planes y Sus propósitos (*2 R. 6:8-25*). Fue en un monte donde Jesús reveló e impartió a sus seguidores las más profundas enseñanzas a cerca de la excelencia de la nueva vida de los llamados al reino de los cielos, en el conocido sermón del monte (*Mt. 5:1 a 7:29*); y fue en la cima de un monte el lugar donde cambió completamente la visión de Pedro, Jacobo y Juan a cerca de Jesús, pues allí recibieron una revelación especial de Dios, de Sí mismo, Sus planes y Sus propósitos (*Mt. 17:1-9; 2 P. 1:18*).

Así mismo existe un lugar al que todo hombre y mujer que se ha acercado a Dios mediante la fe en Jesucristo, debe subir para tener un encuentro íntimo y personal con el Dios viviente. Lugar donde Él se revela a Sí mismo, Sus planes y Sus propósitos.

¿Quién subirá al monte de Jehová? ¿Y quién estará en su lugar santo?, solamente los redimidos por la sangre del cordero inmolado, Jesucristo. Quien nos ha reconciliado con Dios y nos ha hecho acercar *"al monte de Sión, a la ciudad del Dios vivo, Jerusalén celestial, a la compañía de muchos millares de ángeles, a la congregación de los primogénitos que están inscritos en los cielos, a Dios el juez de todos..."* (Heb.12:22-23). Jesús nos ha acercado al Monte Santo de Dios, un lugar al que todos tenemos que subir cada día y permanecer en una relación continua de amor con nuestro Padre celestial, mediante una perfecta comunión con Cristo (*1 Co. 6:17*); monte de la promesa de Dios, lugar donde usted encuentra todo el bien y la seguridad de Dios ahora mismo, en medio de un mundo cruel y plagado de injusticias. Allí *"Morará el lobo con el cordero, y el leopardo con el cabrito se acostará; el becerro y el león y la bestia doméstica andarán juntos, y un niño los pastoreará. La vaca y la osa pacerán, sus crías se echarán juntas; y el león como el buey comerá paja. Y el niño de pecho jugará sobre la cueva del áspid, y el recién destetado extenderá su mano sobre la caverna de la víbora. No harán mal ni dañarán en todo mi santo monte; porque la tierra será llena del conocimiento de Jehová, como las aguas cubren el mar. Acontecerá en aquel tiempo que la raíz de Isaí, la cual estará puesta por pendón a los pueblos, será buscada por las gentes; y su habitación será gloriosa"* (Is. 11:6-10). Es decir, que en este lugar la luz de Cristo disipará los temores y las dudas que albergan su corazón. Es el lugar secreto y lleno de la gloria de Dios, donde cada día hallará un banquete especial, preparado por Él mismo para usted y quitará la venda espiritual que le impedía ver la realidad de este mundo, trayendo una revelación especial para su vida de Sí mismo, Sus planes y Sus propósitos; invitándole a unirse a Él: "Y *destruirá en este monte la cubierta con que están cubiertos todos los pueblos, y el velo que envuelve a todas las naciones (Is. 25:6-7).* ¿Se da cuenta que el mundo tiene puesta una cubierta? (לוֹט = *lot, cubierta*), algo que impide ver la realidad del mundo, como para que la humanidad despierte del adormecimiento al que la ha sometido Satanás, el influjo al que son sometidos los hijos de desobediencia. Ésta cubierta es como una prisión en la que se mueven muy cómodos aquellos que siguen los deseos de la carne y de los pensamientos *(Ef. 2:2-3).* Pero, ¿también es consciente que además de la cubierta hay un velo que le envuelve? (מַסֵּכָה = *masseká, velo, vertido, fundido*), una manta que impide ver con claridad y discernir la verdad de Dios. Muchas personas en todo el mundo quieren creer a Dios, y atender Su llamado; pero el querer entregar los pensamientos sin dejar de hacer la voluntad de la carne, resulta en creer que se es libre mientras se sigue bajo la cubierta con que están cubiertos todos los pueblos, la prisión llamada pecado. Y de igual manera, el pretender entregar la carne sin dejar de seguir la voluntad de los pensamientos, resulta en vivir una vida espiritual apartada de los propósitos de Dios. El Monte Santo de Dios es el lugar donde usted será instruido por Él mismo, quien le dará una revelación especial de Su palabra (*Mi. 4:2*); donde el "Espíritu de verdad" le guiará a toda la verdad que le hará libre (*Jn. 16:13*). Espíritu de verdad del cual muchos hablan, pero no conocen, porque le niegan con sus actos cada día. Es el lugar donde usted adorará genuinamente en Espíritu y en Verdad al Dios todopoderoso (*Is. 27:13*). Es el lugar donde sólo puede subir *"El limpio de manos y puro de corazón; El que no ha elevado su alma a cosas vanas, Ni jurado con engaño"* y donde usted recibirá día tras día la bendición de Dios, y Su justicia se hará manifiesta para hacerle caminar en medio de este mundo como un hijo de Dios (*Ro. 8:19*). Este es el Monte Santo de Dios, lugar al que usted se está encaminando, pero al que sólo podrá acceder por la senda de la santidad, pues precisamente este monte es monte de santidad (*Zac. 8:3*, הַר קֹדֶשׁ = *jar códesh*), el lugar santísimo donde habita el que es santo, santo, santo.

Hoy son muchos los que divagan sobre el verdadero significado de la fe, debido a que desconocen la manera de encaminarse hacia el Santo Monte de Dios. Se les ha predicado en gran medida a cerca de las bendiciones de las que son beneficiarios los habitantes del monte de Dios, pero poco se les ha instruido en el cómo llegar hasta allí. Quizás porque aducen que Cristo ya lo hizo todo por nosotros y que con este sólo hecho ya estamos en aquel maravilloso lugar. Sí, en realidad ya somos aceptos por Dios a través de la fe en Jesucristo, más debemos tener en cuenta que si bien Jesús es la Puerta, también es el

Camino, el cual debemos recorrer día a día, llenándonos de la verdad y viviendo la vida que implica estar unido a Él para llegar al Padre (*Jn. 14:6*). Y esto se relaciona con el hecho de que debemos tener un encuentro íntimo y personal con Él en un nivel que nos lleve a comprender quién es Él (revelación de Sí mismo), cuáles son Sus planes eternos universales y particulares para mí vida (conocimiento de Su obra); y cuáles son Sus propósitos eternos universales y particulares para conmigo (invitación a unirme a Él) (*Jn. 17:1-3*). Otro aspecto es el hecho de que la corriente materialista del mundo ha entrado con sus torrentosas aguas al corazón de muchas personas, desbocando a los incautos en una carrera por el dinero y las posesiones en medio de grandes males, arrastrados por todo viento de doctrina y mercadería; como lo dijo el Señor Jesucristo: *"El que quiera hacer la voluntad de Dios, conocerá si la doctrina es de Dios..." (Jn. 7:17)*. Y otro tanto habló el apóstol Pablo a Timoteo diciendo: *"Porque los que quieren enriquecerse caen en tentación y lazo, y en muchas codicias necias y dañosas, que hunden a los hombres en destrucción y perdición; porque raíz de todos los males es el amor al dinero, el cual codiciando algunos, se extraviaron de la fe, y fueron traspasados de muchos dolores" (1 Ti. 6:9-10)*. Cosas por las cuales son muchas las personas que se extravían, al desconocer las inescrutables riquezas de Dios que exceden al oro y la plata de este mundo, las cuales han sido reservadas para aquellos que suben al Santo monte de Dios. *"Para que el Dios de nuestro Señor*

Jesucristo, el Padre de gloria, os dé espíritu de sabiduría y de revelación en el conocimiento de él, alumbrando los ojos de vuestro entendimiento, para que sepáis cuál es la esperanza a que él os ha llamado, y cuáles las riquezas de la gloria de su herencia en los santos" (Ef. 1:17-18).

Así que usted debe emprender el camino cuesta arriba, al lugar donde le aguarda un encuentro con la gloria Shekinah de Dios, la presencia gloriosa de Dios en el santuario, y el santuario es usted como templo del Espíritu Santo (*1 Co. 3:16; 6:19; 2 Ti. 1:14, gr. ναός = naós, de un primario ναίω naío [morar]; templo:-santuario*). Este nivel es el lugar más alto al que el Señor quiere llevarle, es la representación de Su Monte Santo, en una vida de perfecta comunión con Él, la cual arroja como resultado constante la victoria sobre el mundo, la carne y Satanás. Es el lugar desde donde se puede divisar al mundo y ver la expectante escena desoladora que vive la humanidad. Allí comprendemos lo que somos y cuál es el propósito de Dios para nuestra vida; pero claro no será una tarea tan sencilla como tal vez pueda escucharse, usted tendrá que sobreponerse a las fuerzas que querrán impedirle subir hasta el Monte Santo de Dios. Y esas fuerzas son la carne, el mundo y Satanás; usted se preguntará ¿por qué, si ya Jesús le redimió a usted del pecado venciéndolo en la cruz?, porque Dios ha preparado para usted y para cada uno de los que hemos aceptado Su ofrecimiento de salvación, el lugar sobre el cual Satanás reclama su señorío y de donde precisamente Dios lo expulsó para siempre: *"En Edén, en el huerto de Dios estuviste; de toda piedra preciosa era tu vestidura; de cornerina, topacio, jaspe, crisólito, berilo y ónice; de zafiro, carbunclo, esmeralda y oro; los primores de tus tamboriles y flautas estuvieron preparados para ti en el día de tu creación. Tú, querubín grande, protector, yo te puse en el santo monte de Dios, allí estuviste; en medio de las piedras de fuego te paseabas. Perfecto eras en todos tus caminos desde el día que fuiste creado, hasta que se halló en ti maldad. A causa de la multitud de tus contrataciones fuiste lleno de iniquidad, y pecaste; por lo que yo te eché del monte de Dios, y te arrojé de entre las piedras del fuego, oh querubín protector. Se enalteció tu corazón a causa de tu hermosura, corrompiste tu sabiduría a causa de tu esplendor; yo te arrojaré por tierra; delante de los reyes te pondré para que miren en ti. Con la multitud de tus maldades y con la iniquidad de tus contrataciones profanaste tu santuario; yo, pues, saqué fuego de en medio de ti, el cual te consumió, y te puse en ceniza sobre la tierra a los ojos de todos los que te miran. Todos los que te conocieron de entre los pueblos se maravillarán sobre ti; espanto serás, y para siempre dejarás de ser"* (Ez. 28:13-19). Esta es la razón por la que Satanás siempre está haciendo todo a su alcance para evitar que los hijos de Dios suban hasta el Monte Santo de Dios y tengan una experiencia íntima y personal que transforme sus vidas. ¿Ha subido alguna vez a una montaña? Si no lo ha hecho, inténtelo; verá como a cada paso que da, usted tendrá que hacer un esfuerzo que compromete todo de usted, su fuerza física, su fuerza emocional y su fuerza espiritual. Entre más sube, su cuerpo empieza a experimentar la resistencia de la fuerza de gravedad, lo escabroso del terreno siempre querrá hacerle desistir de seguir adelante y cada vez se sentirá con menos fuerzas para llegar a la cima; entre más avance, en su mente se empezará a tejer una maraña de ideas con respecto a la decisión que tomó al querer subir la montaña, y probablemente, la desmotivación lo lleve cada vez a pensar en devolverse. Y finalmente, el espíritu emprendedor se verá opacado por la sensación de derrota, por lo que usted tendrá que esforzarse en encontrar las motivaciones correctas que le alienten y le impriman la fuerza que lo lleve a la cima. Sí, en su mente, sus emociones y su voluntad es donde Satanás trabaja para hacerlo desistir de subir al Monte Santo de Dios. Por eso la oración del apóstol Pablo por los tesalonicenses, y no sólo de ellos, sino de todos los creyentes era por su seguridad de salvación integral en Cristo Jesús: *"Y el mismo Dios de paz os santifique por completo; y todo vuestro ser, espíritu, alma y cuerpo, sea guardado irreprensible para la venida de nuestro Señor Jesucristo"* (1 Ts. 5:23).

Esa es la realidad espiritual, al querer usted subir al Monte Santo de Dios tendrá que encarar una lucha frontal contra la carne, el mundo y Satanás; pero usted no está sólo, Jesús al ir al Padre le ha enviado un compañero de viaje inseparable, Él no está a su lado, ni va detrás ni delante de usted, Él está en usted desde el mismo momento que tomó la decisión de aceptar a

Jesús como su Señor y Salvador (*Ef. 1:13-14; 1 Co. 3:16 y 6:19*), y le acompaña en toda circunstancia para ayudarle en sus debilidades y guiarle a toda verdad convenciéndolo de pecado cuando sus pies intenten resbalar por la ladera al toparse con las tentaciones; de justicia cuando su fe intente ser ahogada por las dificultades del mundo y de juicio para recordarle que usted es un hijo de Dios y por más que Satanás le asedie, no hay argumentos ni juicio contra los que han creído en Jesucristo como su Señor y Salvador (*Jn.16:7-11 y Ro. 8:1-2 y 33-34*). Él le ayudará a que usted tenga manos limpias y un corazón puro para subir al Monte Santo de Dios para adorarle en Espíritu y en verdad; por medio de Él es que el Dios viviente, el Eterno Rey de gloria, el Omnipotente, resplandece en nuestros corazones para la iluminación del conocimiento de la gloria de Dios en la faz de Jesucristo. Es el tesoro más grande en nuestra vida que es un vaso de barro frágil, quebradizo y susceptible a las inclemencias del mundo; *"Pero tenemos este tesoro en vasos de barro, para que la excelencia del poder sea de Dios, y no de nosotros..."* (2 *Co. 4:7). Vaso de barro (vaso = $\sigma\kappa\varepsilon\tilde{v}o\varsigma$ = skeúos, específicamente la esposa como contribuyendo a la utilidad del esposo, utilizado como vasija, vaso; y barro = $\dot{o}\sigma\tau\rho\acute{\alpha}\kappa\iota\nu o\varsigma$ = ostrákinos, de $\ddot{o}\sigma\tau\rho\alpha\kappa o\nu$ = óstrakon, ["ostra"], implicación de frágil-barro). De modo que a pesar de ésta fragilidad, a Dios le ha placido hacernos depositarios de un honor tal, que no fue reservado para los ángeles, sino para los herederos en Cristo Jesús, el cual habla de la iglesia como Su esposa *(Ap. 19:7)*. Y esto es maravilloso por que a pesar de nuestra humana debilidad, la excelencia de su poder se hace manifiesto en cada uno de los que creemos, aunque estemos en tribulaciones, persecuciones y en apuros. Por esto usted tendrá que ser esforzado y valiente, pues aunque su hombre exterior se desgaste, no obstante el interior se irá fortaleciendo, renovándose de día en día en medio de la leve tribulación que le aqueja, y digo leve, porque mientras sus ojos estén fijos en la cima de la montaña; viendo aquellas cosas que el ojo natural no puede, aquellas que son eternas, usted tendrá la suficiente motivación para subir cada mañana, cada tarde y cada noche al Monte Santo de Dios para tener un encuentro íntimo y personal con en el autor y consumador de la fe, Jesucristo *(2 Co. 4:6-18)*.

Esto es alentador, saber que esa experiencia que usted quizás no ha tenido por años en la búsqueda de una espiritualidad, es la que está a punto de vivir; y si es usted una más de aquellas personas que no han pasado de lo meramente emocional a lo real, lo sabrá ahora. Usted va atener una experiencia real con Dios basada en la renovación de su entendimiento acerca de sí mismo, acerca de Dios y acerca de su relación con Él y su perfecta voluntad *(Ro. 12:2)*. Le invito a orar ahora mismo para que el Espíritu Santo le guíe a toda verdad mientras se encumbra hacia el Monte Santo de Dios, y que desde ahora usted empiece a evidenciar en su vida la revelación del carácter de Dios, Sus planes y Sus propósitos para usted.

Padre celestial, ahora que he emprendido el camino hacia tu Monte Santo, anhelo fervientemente que tú me ayudes a superar todos los obstáculos que se presenten en el camino; y que tu Santo Espíritu obre con poder en mis debilidades, rompiendo toda cadena y atadura que me impidan avanzar por el camino. Y reveles a mi vida Tu presencia, Tu carácter, Tus planes y Tus propósitos, para que puestos los ojos en Jesucristo pueda yo llegar a la cima, donde veré la gloria de tu presencia en mí. Amén

CAPÍTULO TRES

Las Cuatro Verdades de Nuestra Relación con Dios

Si se humilla mi pueblo sobre el cual es invocado mi nombre, si oran y buscan mi rostro y se vuelven de sus malos caminos, entonces yo oiré desde los cielos, perdonaré sus pecados y sanaré su tierra.

2 Crónicas 7:14

Hay una razón por la cual muchas personas en la iglesia del Señor hoy están atravesando por un período de gran crisis. Usted, como muchos, se preguntará ¿por qué se habla de crisis en la iglesia, si hoy las circunstancias de la misma son diferentes a las de hace dos mil años atrás? ¿A caso no hay un derramamiento poderoso del Espíritu Santo, y por doquiera que caminamos, no vemos que la palabra de Dios se extiende más y más con un énfasis de sanidad, restauración y prosperidad?

Eso es verdad, pero podemos decir que hoy vemos una preocupación creciente por el materialismo. El poseer y señorear sobre esta tierra presente, se ha convertido en el foco de atención de una multitud que ronda su alabanza y su adoración a un Dios que desconoce completamente, mediante la omisión de la práctica de un cristianismo genuino. ¿Por qué genuino? Porque el testimonio de gran parte del pueblo de Dios, desdibuja la excelencia de la vida de los postulados al Reino de Dios, declarada por el Señor Jesucristo en el conocido sermón del monte *(Mateo, capítulos 5; 6; 7)*. Cierto es, que las circunstancias del mundo presente llevan a la humanidad a una constante preocupación, que es como la orilla de un precipicio junto al cual nadie quiere caminar; y estas son: la crisis económica mundial, el hambre, la enfermedad, la desigualdad social y la violencia. Y es comprensible el hecho que también la iglesia quiera huir de esto, puesto que la fe en Jesucristo no nos excluye de las necesidades inherentes a la vida en este mundo *(Mt. 6:31-32)*. Ahora bien, la Biblia nos enseña que no hay nada de malo en prosperar económicamente y buscar un bienestar en medio de este valle de lágrimas; desde el libro de Génesis hasta la tercera carta del apóstol Juan vemos que el Señor bendice el fruto de nuestro trabajo y todo lo que emprendamos para que seamos prósperos. Lo deplorable es la actitud de aquellos "maestros" que hoy se levantan con falsas enseñanzas, al parecer olvidando los principios de Dios para una verdadera prosperidad, por lo que podemos ver cómo se va cumpliendo en este tiempo la palabra de Dios que dice: *"sabiendo primero esto, que en los postreros días vendrán burladores, andando según sus propias concupiscencias..."* *(2 P. 3:3)*. Hombres que andan muy preocupados por poseer "lo mejor de lo mejor" de este mundo, a razón del derecho como hijos de Dios; y es en este punto, donde aparecen en la escena una gran multitud de frustrados que andan confundidos haciendo variedad de prácticas, a cualquier costo, con tal de recibir lo que esperan. La verdad es que Dios sí tiene muchas bendiciones para Su pueblo y una gran multitud de promesas para cumplir a quienes le buscan, pero el orden de las cosas es "buscar el reino de Dios y Su justicia" primero; lo otro vendrá tal y como Él lo promete (*Lc. 12:31*). Así que muchos están invirtiendo la mayor parte de sus esfuerzos en la búsqueda de las cosas perecederas, antes que las indestructibles, las cuales Dios ha preparado para los que le aman con corazón sincero (*2 P. 3:5-7 y 11-13*). Lo que desvía al pueblo de Dios de comprender, que este principio activo de bendición no es el propósito central de la vida del creyente; pues la fe no se trata sólo de fórmulas que arrojen como resultado la obtención de los propósitos particulares del creyente. Sino de conocer adecuadamente las instrucciones de Dios, que nos llevan a la experiencia plena e incomparable de una vida transformada; es decir, las instrucciones no sólo debemos seguirlas al pie de la letra, sino también comprenderlas en la forma correcta para nuestra salud espiritual "*...alumbrando los ojos de vuestro entendimiento, para que sepáis cuál es la esperanza a que él os ha llamado, y cuáles las riquezas de la gloria de su herencia en los santos*" (*Ef. 1:18*). Esto nos lleva a relacionarnos con Dios de una manera en la cual, nunca perdemos de vista Su grandeza, Su poder y Su sabiduría que excede a todo pensamiento y razonamiento en este mundo

"…Pero tenemos este tesoro en vasos de barro, para que la excelencia del poder sea de Dios, y no de nosotros" (2 Co. 4:7).

"Si se humilla mi pueblo sobre el cual es invocado mi nombre..." *(2 Cr. 7:14).* Humillarse (כָּנַע *= kaná, raíz primaria; propiamente doblar la rodilla; de aquí, humillar, quebrantar, someter, subordinar)* es, entonces, un principio trascendental en la vida de adoración del creyente. La importancia de esta virtud surge del hecho que es parte del carácter de Dios. En el libro de los Salmos 113: 5-6, encontramos que se presenta a Dios como incomparable, elevado y grande, y sin embargo Él mismo se humilla a prestar atención a las cosas creadas. Mientras que en Salmos 18:35, se atribuye la grandeza del siervo de Dios, a la humildad (benignidad) que Dios le ha demostrado. ¿Alguna vez ha pensado usted en esto? El Dios altísimo y sublime, que está rodeado de querubines, serafines y criaturas incomparables que le adoran desde la eternidad y hasta la eternidad delante de su trono, se baja de allí tan sólo por atender el llamado de una sola de sus criaturas terrenales, usted. Asimismo, Dios valora esta actitud en el ser humano; pues fue en el huerto del Edén donde el hombre perdió la capacidad de reconocer a Dios en todos sus caminos, al hacerse igual a Dios en el conocimiento del bien y del mal *(Gn. 3:22).* No que el hombre hubiera alcanzado la estatura de Dios, pues este nuevo conocimiento del bien y del mal, fue para él como una enfermedad que lo llevó al deterioro espiritual y moral, sumiéndolo en la total oscuridad; algo sobre lo que sólo Dios, desde entonces, tiene el poder para restaurar. Así que, cuando una persona es capaz de llegar hasta la presencia de Dios rindiendo su arrogante actitud de conocer, en su propia opinión, lo que es bueno y lo que es malo, Él se agrada. Por eso, lo primero y fundamental del ser humano ante Dios es el humillarse antes de recibir un honor de parte de Dios *(Pr. 15:33; 18:12; 1P. 5:6).*

Pero, ¿Por qué humillarse se convierte en un acto de adoración potente ante Dios? una de las cosas que más le cuesta al ser humano es evitar afrontar la vida en sus propias fuerzas para depender realmente de la fuerza de Dios. Algunas veces, por no decir que siempre, pensamos que nada de lo que tiene que ver con nosotros puede escapar a nuestro control; es más, muchas veces tratamos de controlar las vidas de quienes nos rodean y esto es la causa de que siempre seamos traspasados por muchos dolores. Depender de la fuerza de Dios, es descansar en sus mismos brazos, aunque no lo veamos en medio de las circunstancias de la vida. Jesús nos dice: *"Venid a mí todos los que estáis trabajados y cargados, y yo os haré descansar. Llevad mi yugo sobre vosotros, y aprended de mí, que soy manso y humilde de corazón; y hallaréis descanso para vuestras almas; porque mi yugo es fácil, y ligera mi carga"* (Mt. 11:28-30). Manso, gr. πρᾷος = práos de πραΰς = praús, *aparentemente palabra primaria; apacible, pacífico, i.e. (por implicación) humilde:-manso; Humilde, gr.* ταπεινός = *tapeinós, de derivación incierta;*

deprimido, i.e. (figurativamente) humillado (en circunstancias o disposición):-humilde condición, humilde. La verdad que contienen las palabras de Jesús nos desnuda, la realidad es que nos cuesta soltar aquello que creemos haber logrado con nuestro propio esfuerzo; mucho más, soltar nuestra carga a alguien que ni vemos ni oímos de una manera natural, como para confiarle verdaderamente nuestra vida. Lo que Jesús nos dice claramente aquí es: *"Sean lo suficiente humildes para reconocer que ustedes no pueden soportar solos la pesada carga que les impone el mundo, sean mansos y humildes para reconocer su necesidad de Dios, entréguenlo todo y a cambio yo les mostraré un camino más excelente"*. La vida Cristiana no consiste en una multitud de obras, que usted pueda hacer para demostrar a Dios que es merecedor de Su salvación; cuando una persona trata de demostrar al mundo lo mucho que hace por Dios, pero su carácter no es transformado, tan sólo evidencia lo mucho que le cuesta despojarse de sí mismo, de sus capacidades y sus talentos, para que sea Dios mismo quien testifique de su obra en cada uno *(Fil. 2:5-11)*. Así que, la clave del éxito en la vida cristiana consiste en este principio, humillarse. Pues quizás para mucha gente aún resulte una locura el que usted tenga que ir siempre a la presencia de Dios, para buscar una respuesta que le ayude a tomar la decisión correcta en cualquier momento de su vida, ya que usted está perfectamente facultado para hacerlo en sus propias fuerzas *(1 Co. 1:18-31)*. Por otra parte, no es la búsqueda del éxito el fin que se persigue en la relación con Dios, sino que este es el resultado de una perfecta comunión con Él. Cuanto más nos ocupamos en deleitarnos con Su presencia y Su palabra, no por lo que Él puede darnos, sino por lo que Él es; más recibimos de sus ricas y abundantes bendiciones. Pues la invitación de la palabra de Dios es: *"Deléitate asimismo en Jehová, y él te concederá las peticiones de tu corazón"* *(Sal. 37:4)*. Pero, algo que es seguro que pasará con usted es que cuanto más se deleite en conocerlo a Él, más cambiará en usted la percepción y el significado de las ricas y abundantes bendiciones de Dios en Cristo Jesús. Sí, algo espectacular está por ocurrir en usted, la Biblia nos dice en Isaías 25:6-7: *"Y Jehová de los ejércitos hará en este monte a todos los pueblos banquete de manjares suculentos, banquete de vinos refinados, de gruesos tuétanos y de vinos purificados. Y destruirá en este monte la cubierta con que están cubiertos todos los pueblos, y el velo que envuelve a todas las naciones"*. Cuando usted entra a la presencia de Dios con una actitud humilde, que puede despojarse de todo razonamiento y excusa, entonces es cuando Él quita el velo que le impide ver a usted la realidad de los dos mundos que le rodean, el material y el espiritual. Lo que implica que usted empezará a recibir una riqueza de perfecto entendimiento a cerca del secreto de Dios, que es Cristo mismo; pues en Él están encerradas todas las riquezas de la sabiduría y del conocimiento *(Col. 2:2-3)*.

"...Si oran..." *(2 Cr. 7:14)*, פָּלַל = *palál, raíz primaria; juzgar (oficial o mentalmente); por extens. interceder, orar:-juez, juicio, juzgar, hacer oración,* *orar, pedir, pensar, rogar, suplicar, valor*. Ahora bien, al Orar, debemos tener bien en claro una actitud de humildad genuina; pues la oración es adoración que incluye todas las actitudes del espíritu humano en su acercamiento a Dios. Esto es algo que no nace, ni proviene de usted; por lo tanto siempre debe destacarse la iniciativa Divina, pues sólo así se entiende que fluye una comunión genuina, usted ora porque Dios ya ha tocado su espíritu, lo que indica que no es una respuesta natural suya. Por esto es importante tener en cuenta que es algo tan íntimo e importante para Dios, que sólo quiere compartir ese momento especial con usted y nadie más. Orar significa mucho más que frases bellamente ordenadas para dirigirlas a Dios con gran elocuencia; la oración cobra un especial sentido cuando cruzamos el umbral de la puerta angosta, para entrar en el secreto de Dios: *"Pero tú, cuando ores, entra en tu cuarto, y cerrada la puerta, ora a tu Padre que está en secreto; y tu Padre que ve en lo secreto te recompensará en público"* *(Mt. 6:6)*. Esta es la verdad que nuestro señor Jesucristo nos revela acerca de la oración, el gr. $\pi\rho\sigma\varepsilon\acute{v}\chi\sigma\mu\alpha\iota$ = proseújomai, que se traduce en este pasaje como orar, significa además *suplicar, pedir a Dios* e incluye el significado de *adorar*, lo que constituye a la oración en un principio de adoración más profundo en nuestra relación con Dios. Allí, en esa intimidad, es cuando podemos derramar las verdades más hondas y ocultas de nuestro corazón; la oración íntima con Dios nos muestra aquello que la oración pública no logra, por causa de que allí muchos se cuidan de hacerlo bien, con las palabras y el tono adecuados, con la conciencia de decir aquello que también impactará a otros espíritus humanos. Jesús dijo: *"Lo que es nacido de la carne, carne es; y lo que es nacido del Espíritu, espíritu es" (Jn 3:6)*; y en otro lugar afirmó: *"Dios es Espíritu; y los que le adoran, en espíritu y en verdad es necesario que adoren" (Jn.4:24).* Esta es la razón por la cual muchas oraciones le resultan hipócritas al Señor, quien no responde por más lágrimas y abundancia de palabras que se digan. Cuando no hay honestidad en la oración, esta no es escuchada *(Lc. 18:10-13).* Él ama la intimidad con cada uno de Sus hijos, para Él es única la oración de cada uno de Sus hijos; aunque casi siempre le pidamos las mismas cosas. Es única porque procede de su búsqueda, su interés de relacionarse con Él para conocerle tal como es. Por esto, cuando usted logre entrar en esa intimidad con el Señor, va a experimentar algo maravilloso; usted descubrirá que no está sólo ante su presencia; que usted cuenta con la maravillosa compañía del Espíritu Santo, quien le va a dirigir en su oración. Y cuando se sienta tan débil y desorientado, que no encuentra las palabras adecuadas, en el silencio el Espíritu Santo rogará por usted con gemidos que no pueden expresarse con palabras. Y Dios, que examina los corazones, sabe que es lo que el Espíritu quiere decir, porque el Espíritu ruga conforme a la voluntad de Dios, por los que le pertenecen *(Ro. 8:26-27).*

El resultado de nuestra oración está ligado a la humildad, allí no hay lugar para la soberbia, los odios, ni la acepción de personas. Cuando su presencia se revela en la intimidad de nuestra habitación, en el lugar secreto, podemos comprender que no somos ni la mitad de santos como pretendemos que el mundo nos vea. Su presencia lo llena todo, la luz de su santidad descubre todas nuestras obras, las sombras de nuestra vida se hacen manifiestas y nos sentimos sucios e indignos de Él. Pero, su amoroso silencio, nos invita a confesarle nuestras culpas, y a sacar de lo más profundo de nuestro ser, las cosas ocultas que hacen sucias nuestras vestiduras; para hacernos libres de toda culpa y aptos para Sus bendiciones *(Mr. 11:25-26)*. Esta es la razón por la cual muchas personas no quieren cruzar la puerta angosta, por que implica un compromiso de mucha honestidad y voluntad para ser transformados. Jesús dijo: *"Y esta es la condenación: que la luz vino al mundo, y los hombres amaron más las tinieblas que la luz, porque sus obras eran malas. Porque todo aquel que hace lo malo, aborrece la luz y no viene a la luz, para que sus obras no sean reprendidas. Mas el que practica la verdad viene a la luz, para que sea manifiesto que sus obras son hechas en Dios"* (Jn. 3:19-21).

"...y buscan mi rostro..." *(2 Cr. 7:14)*. Buscar Su Rostro, cobra un sentido especial para la vida del creyente cuando va más allá de los límites de la oración temporal, hacia la gloriosa eternidad de una relación imperecedera, que no se romperá jamás *(Ro. 8:35-39)*. Es estar totalmente consciente del lugar en que se está entrando. En el hebreo se utiliza la palabra פָּנִים = *pānim* y en el griego πρόσωπον = *prosōpon*, se

utiliza metafóricamente para referir al cielo y a la presencia del que se busca. Es una frase que expresa el deleite que se experimenta en la presencia de Dios, un sentir que Su "rostro" gira hacia mí. Si yo quiero ser espiritualmente sano, debo recordar que los ojos amorosos de Dios están sobre mí, que su sonrisa de gracia es por mí. *"Los ojos de Jehová están sobre los justos, Y atentos sus oídos al clamor de ellos"* (Sal. *34:15).* Cuando usted logra cruzar la puerta angosta, para entrar en esa preciosa intimidad con Dios; su oración está pasando de un ámbito natural a uno sobrenatural y esto es algo que logra cambiar siempre la intención y la calidad de nuestra oración. Puesto que la palabra nos dice en el libro de Apocalipsis capítulo cinco, que cuando Jesús, el cordero de Dios, toma el libro que tiene siete sellos y que nadie más puede abrir ni leer, sino sólo Él. Aquí se nos revela algo maravilloso y es que nuestras oraciones en el lugar secreto hacen parte de la escena celestial *"…Y cuando hubo tomado el libro, los cuatro seres vivientes y los veinticuatro ancianos se postraron delante del Cordero; todos tenían arpas, y copas de oro llenas de incienso, que son las oraciones de los santos"* (Ap. *5:8).* ¿Ha pensado lo que está pasando en el momento que usted está orando? La oración de un genuino hijo de Dios, es incienso, el cual los seres celestiales toman en copas especiales, ¿Para qué? La respuesta se halla en el mismo libro de Apocalipsis en el capítulo ocho: *"Cuando abrió el séptimo sello, se hizo silencio en el cielo como por media hora. Y vi a los siete ángeles que estaban en pie ante Dios; y se les dieron siete trompetas. Otro ángel vino entonces y se paró ante el altar, con un incensario de oro; y se le dio mucho incienso para añadirlo a las oraciones de todos los santos, sobre el altar de oro que estaba delante del trono. Y de la mano del ángel subió a la presencia de Dios el humo del incienso con las oraciones de los santos. Y el ángel tomó el incensario, y lo llenó del fuego del altar, y lo arrojó a la tierra; y hubo truenos, y voces, y relámpagos, y un terremoto. Y los siete ángeles que tenían las siete trompetas se dispusieron a tocarlas"* (Ap. 8:1-6). ¡Esto es maravilloso! Y sobrepasa a todo entendimiento, cada oración, cada palabra, está siendo contenida y reservada para un fin especial, en el día que Dios ha reservado para la manifestación de Su gloria y majestad; y su sola presencia juzgará a toda carne sobre la faz de la tierra. La oración sube directo a la presencia de Dios, como un incienso en olor grato. Así que esto cambia las cosas, por que quizás se desperdicia tanto tiempo orando por las trivialidades de este mundo, muchos hasta el cansancio; que olvidan que Dios nos ha prometido cosas mucho más excelentes y maravillosas, que no perecerán junto con el orden de las que hoy conocemos en este mundo *(2 P. 3:7)*. Así que, es determinante para la salud de nuestra vida espiritual, las motivaciones que tenemos para buscar del otro lado de la puerta el rostro de Dios. Una vida de oración está ligada al hallar el rostro de Dios, un resplandor de su gloria que manifiesta al mundo que estamos en Él: *"Para que seáis irreprensibles y sencillos, hijos de Dios sin mancha en medio de una generación maligna y perversa, en medio de la cual resplandecéis como luminares en el mundo"* *(Fil.2:15)*.

"...y se vuelven de sus malos caminos..." *(2 Cr. 7:14)*. Finalmente, apartarnos de nuestros malos caminos, implica una vida consagrada a Dios con el firme propósito de no dar cabida al pecado. Cuando hemos abierto nuestro corazón a la presencia de Cristo, genuinamente, su luz se encarga de sacar todas las tinieblas de nuestra vida. Él es la luz del mundo, quien le sigue no andará en tinieblas, sino que tendrá la luz de la vida *(Jn. 8:12)*. ¿Qué significa esto? Que Él es el único que puede sacar las tinieblas del corazón humano; Él es esa luz admirable que consume toda oscuridad *(Jn 1:4-5)*. Cuando cruzamos el umbral hacia el lugar secreto, tenemos que estar dispuestos a que la magnificencia de su luz, revele las cosas vergonzosas de nuestra vida oculta; claro, será literalmente vergonzoso. Mas Él no lo hará con el propósito de hacerle sentir mal, es sólo que ante la santidad de Dios, esa luz incandescente, ninguna tiniebla puede resistirse, tiene que salir. Es lo mismo que le sucedió al profeta Isaías y usted lo puede corroborar en el capítulo seis del libro que lleva su nombre. *"En el año que murió el rey Uzías vi yo al Señor sentado sobre un trono alto y sublime, y sus faldas llenaban el templo. Por encima de él había serafines; cada uno tenía seis alas; con dos cubrían sus rostros, con dos cubrían sus pies, y con dos volaban. Y el uno al otro daba voces, diciendo: Santo, santo, santo, Jehová de los ejércitos; toda la tierra está llena*

de su gloria. Y los quiciales de las puertas se estremecieron con la voz del que clamaba, y la casa se llenó de humo. Entonces dije: ¡Ay de mí! que soy muerto; porque siendo hombre inmundo de labios, y habitando en medio de pueblo que tiene labios inmundos, han visto mis ojos al Rey, Jehová de los ejércitos" (Is. 6:1-5). Isaías era, seguramente, una de las personalidades más respetadas del pueblo de Israel, de quien se dice según la tradición era de sangre real. Profeta que exhortaba con un alto sentido de ética y moral duramente el comportamiento del pueblo *(Is. 5:8-30)*. Sin duda alguna, él tenía la autoridad como profeta ungido de Dios y era considerado un hombre que vivía en santidad, consagrado a los asuntos de Dios. Pero, esa magnífica experiencia reveló que ni aún lo que se tiene por sublime y santo en este mundo, es más santo y sublime que la presencia de Dios. El profeta Isaías sufrió una quiebra emocional ante la presencia del Señor, él pudo comprender lo que era y lo que no era a la luz admirable de Dios. Esto es lo mismo que le sucederá a usted en el momento que empiece a experimentar una genuina relación de amor con el Dios viviente, una quiebra de todas las presunciones que tiene acerca de sí mismo y de todos los pensamientos preconcebidos a cerca de Dios, esos paradigmas religiosos que le impiden moverse libremente hacia la voluntad de Dios. Es allí donde ya no tendrá que luchar fieramente contra el pecado para llevar una vida de santidad que agrade a Dios, una batalla que muchos luchan en sus fuerzas, pero con pocos resultados. Cuando la luz de Cristo revela lo que hay en nuestro corazón, ella misma nos hace entender por qué aquello no debe seguir allí; por lo que renunciamos genuinamente al pecado para ya nunca volver atrás. *"Porque todo aquel que hace lo malo, aborrece la luz y no viene a la luz, para que sus obras no sean reprendidas. Mas el que practica la verdad viene a la luz, para que sea manifiesto que sus obras son hechas en Dios" (Jn. 3:20-21);* y otra vez dice por medio de Juan: *"Sabemos que todo aquel que ha nacido de Dios, no practica el pecado, pues Aquel que fue engendrado por Dios le guarda, y el maligno no le toca" (1 Jn. 5:18).* Acercarse a la luz de Cristo en el lugar secreto, significa una libertad incomparable que nos hace apartarnos de nuestros malos caminos.

Este tan sólo es un principio, pero a medida que usted profundice mediante la experiencia diaria en estas cuatro verdades, comprenderá muchas cosas más; con las cuales, estoy seguro, el Señor le espera al otro lado del umbral, ansioso por entregárselas.

Jesús, tú eres la puerta que hoy deseo cruzar para entrar en una genuina relación de amor con el Dios viviente. Ayúdame a perseverar en estas cuatro verdades, para que yo me acerque cada vez más a este propósito de permanecer contigo en el lugar secreto que has preparado para revelarte a mi vida. Amén.

CAPÍTULO CUATRO

La Gloria Revelada de Dios

Seis días después, Jesús tomó consigo a Pedro, a Jacobo y a Juan su hermano, y los llevó aparte a un monte alto; y se transfiguró delante de ellos, y resplandeció su rostro como el sol, y sus vestidos se hicieron blancos como la luz.

Mateo 17:1-2

La vida de muchos creyentes se parece a la de la oruga que no llega a transformarse en mariposa; ésta tiene un enemigo natural que aprovecha su cuerpo para desarrollarse, es la avispa icneumónida, conocida como avispa parásita. Por mucho que se esconda entre las hojas de la tomatera, a resguardo de depredadores, la avispa parásita logra dar con la oruga por el olor característico que ésta expele. En ese instante, la insignificante avispa hiende la blanda cutícula de la oruga e inyecta en su interior corporal una tanda de huevos. En esa cavidad se desarrollan las larvas que nacen, alimentándose de su propia guardería viva. Llegada la hora, la larva de la avispa sale al exterior rompiendo la cutícula de su hospedadora por los flancos y empezará a tejer el capullo de crisalidación en la superficie de la propia oruga. Una vez completada la metamorfosis, las avispas han alcanzado la madurez y podrán irse, en tanto que su hospedador muere irremisiblemente sin pasar de oruga.

Esta es una realidad natural que podemos equiparar con la vida espiritual de muchas personas, que hoy por hoy sucumben ante las asechanzas del diablo *(1 P 5:7)*. El propósito de Dios es que todos los que creemos en el nombre de Su unigénito Hijo, mostremos al mundo con toda nuestra existencia, que hemos pasado de muerte a vida *(Jn. 5:24)*; que podamos testificar en medio de las dificultades y los ofrecimientos del mundo, que estamos dispuestos a ser transformados por el poder de Su palabra. Allí es donde encontramos una constante motivación para llevar por todos lados el olor grato de la santidad de los hijos de Dios: *"Mas a Dios gracias, el cual nos lleva siempre en triunfo en Cristo Jesús, y por medio de nosotros manifiesta en todo lugar el olor de su conocimiento"* (2 Co. 2:14). Ese grato olor es el que muchas veces Satanás, no percibe en la vida de los que se dicen cristianos, aunque muchos levantan manos y se quebrantan en el culto dominical; por lo que son su presa favorita.

Así que, no importa en qué proceso de la vida con Cristo se encuentra cada creyente, lo cierto es que cada uno es llamado a ser transformado de una simple oruga a una hermosa mariposa, con hermosas alas multicolores que le sirvan para remontarse a las alturas de la vida espiritual con Cristo. Por esto es importante revisar a conciencia cuál es la fragancia espiritual que expele su vida: *"Porque para Dios somos grato olor de Cristo en los que se salvan, y en los que se pierden; a éstos ciertamente olor de muerte para muerte, y a aquéllos olor de vida para vida"* (2 Co. 2:15-16). Y una de las cosas que define lo que usted manifiesta al mundo como hijo de Dios, es lo que cree en lo profundo de su ser acerca de Jesús. Esto marcará un hito en su vida que le permitirá ser totalmente transformado y capacitado para recibir una revelación de Dios más allá de las cosas medianamente palpables de su vida presente. Jesús preguntó un día a sus discípulos, quién creía la gente que era él y las respuestas fueron diversas; luego, les preguntó quién creían ellos que era él *(Mt. 16:13-15).* Mucha gente está siguiendo una fe hoy, por lo que escuchan que otros creen qué es Jesús; pero ellos mismos no están convencidos de quién es él. Si usted quiere ir al siguiente nivel en una experiencia con Dios, tiene que responder desde lo más profundo de su ser estas preguntas ¿Quién cree usted que es Jesucristo? y ¿Quién es Jesucristo hoy en su vida? Porque de sus respuestas dependerá que usted continúe o no el viaje hacia la cima del monte, donde tendrá una experiencia con Dios, que lo cambiará todo en su vida. Lo que hace la diferencia entre llegar a ser mariposa o perecer como oruga, es lo que creo acerca de Jesús. La fe genuina va más allá de creer y enfocarse solamente en las bendiciones materiales, está en la disposición de abandonarnos enteramente en las manos de Dios, para ser completamente transformados: *"Y sabemos que a los que aman a Dios, todas las cosas les ayudan a bien, esto es, a los que conforme a su propósito son llamados. Porque a los que antes conoció, también los predestinó para que fuesen hechos conformes a la imagen de su Hijo, para que él sea el primogénito entre muchos hermanos"* (Ro. 8:28-29). Es perseverar en el pensamiento, la certeza y la convicción, aunque duela y no sepa lo que pasará el día de mañana, que Dios tiene el control y el final es bueno para usted. La declaración que brote de su corazón le llevará a tener un firme compromiso, como la oruga, para ser transformado; y este compromiso no es otro que el de morir. Sí, morir a sí mismo; la oruga para transformarse en mariposa tiene que experimentar varias mudas o ecdisis durante su crecimiento. Después, pasa a la fase de pupa quiescente (crisálida), y la pupa suele quedar envuelta en un capullo de seda. Éste puede estar fijo sobre un árbol, colgar de una hoja o rama suspendido de un hilo o dos o quedar oculto bajo tierra. Es un estado que para el mundo aparentemente es muerte, pero al final, el resultado es maravilloso: *"De cierto, de cierto os digo, que si el grano de trigo no cae en la tierra y muere, queda solo; pero si muere, lleva mucho fruto"* (Jn. 12:24). Cuando el creyente logra morir a sus deseos y anhelos particulares, para hacer la voluntad de Dios, experimenta una muerte dolorosa. Ese dolor que implica desprendernos de todo aquello que forma parte de nuestra vida y nos hace sentirnos cómodos y seguros, pero que no nos conviene. Las cosas vanas y superfluas que traen placer al alma, los deseos y pasiones desordenadas que alimentan la carne. Allí usted experimentará la diferencia entre quedar solo y sin fruto; como un grano seco sobre la tierra, que espera a que alguna de las aves lo coma, y la maravillosa experiencia de morir a las cosas naturales del mundo, para empezar fructificar las sobrenaturales en el Espíritu. Esto implica también la soledad, porque es posible que aún los más cercanos le den la espalda, por causa de Cristo; aumentado el dolor que produce la desintoxicación de aquellas cosas que contaminaron su espíritu, cuerpo y alma. Pero, al usted morir para los deleites y placeres del mundo, aunque no lo comprenda, una cosa es segura, su vida empezará a dar un fruto real y genuino que permanece para vida eterna *(Jn. 15:5)*, contando con la sola compañía de la persona incomparable del Espíritu Santo, quien le dirigirá a toda verdad *(Jn. 16:13)*; Él traerá el conocimiento y la sabiduría para dirigirse en este mundo a hacer la perfecta voluntad de Dios.

Así que, si en este momento usted puede responder: *"Tú eres el Cristo, el Hijo del Dios viviente" (Mt. 16:16)*; usted ya ha cruzado por el camino angosto y lo que va a encontrar en la cima del Monte Santo es una experiencia gloriosa y maravillosa, como la que vivieron Pedro, Jacobo y Juan. Allí estos le vieron en una manera que no podían imaginar, con la majestad, esplendor y magnificencia que no había revelado a sus otros discípulos hasta entonces. El Monte Santo simboliza un lugar donde se encuentran el cielo y la tierra; el lugar donde Dios se revela. Recuerda al Monte de

Sinaí, donde Moisés se encontró con Dios, causando grandes consecuencias. Es el lugar donde debemos subir para tener un encuentro íntimo y personal con la gloria Shekinah de Dios. Shekinah es una palabra hebrea que aparece en los antiguos comentarios judíos, llamados Targumenes, para referirse a la Luz que brillaba entre los querubines sobre el propiciatorio del arca, tanto en el Tabernáculo como en el templo de Salomón. El significado real de la palabra shekinah es *"La morada"* y se refiere al lugar donde Dios se manifestaba en medio de su pueblo Israel. La presencia de la shekinah, era la señal manifiesta de la presencia de Dios en Israel. Aunque la palabra shekinah, no aparece como tal en la Biblia, eso no significa que la Biblia no hable sobre la Luz admirable que se manifestaba entre los querubines del propiciatorio del arca, desde donde Jehová (יְהוָֹה, = *Yejová*) se manifestaba a su pueblo Israel. El Monte Santo es el lugar donde usted va a encontrarse con la gloriosa luz de Jesucristo, brillando con un fulgor nunca antes experimentado; pero, es un lugar al que cuesta subir y donde pocos logran llegar a causa del terreno escarpado de las situaciones diarias de la vida y las grandes dificultades que nos presenta la corriente del mundo. Allí usted puede tener una visión única del mundo, viendo la expectante escena desoladora que vive la humanidad, cosas de las que pocos se percatan por vivir en medio de ellas sin la guía del Espíritu Santo. Allí usted conocerá a Jesús tal y como Él es. Porque hoy son muchas las personas que dicen conocer a Jesús, tan sólo porque leen la Biblia; pero, la verdad que revelan sus propios actos, hacen nulo tal conocimiento. En la cima del monte usted tiene una visión real de Cristo, que cambia todo su razonamiento y comportamiento al tener un genuino encuentro personal con Dios. *"Mirad cuál amor nos ha dado el Padre, para que seamos llamados hijos de Dios; por esto el mundo no nos conoce, porque no le conoció a él. Amados, ahora somos hijos de Dios, y aún no se ha manifestado lo que hemos de ser; pero sabemos que cuando él se manifieste, seremos semejantes a él, porque le veremos tal como él es"* *(1 Jn. 3:1-2).* Esta es la tremenda verdad, que un instante en su presencia tiene que producir cambios profundos en nuestra vida, y entonces, el mundo conocerá verdaderamente a los hijos de Dios.

Cuando Pedro, Jacobo y Juan, llegaron a la cima del monte vieron la majestad, esplendor y magnificencia de Jesús: *"Y se transfiguró delante de ellos, y resplandeció su rostro como el sol, y sus vestidos se hicieron blancos como la luz"* (Mt. 17:2); lo que ocurrió allí fue maravilloso, los discípulos habían caminado durante tres años con Jesús. Le habían visto manifestar las emociones propias de un hombre normal, alegría, llanto, tristeza, enojo, y una sabiduría que excedía a todo lo que conocían; pero, esta nueva experiencia les confirmaba algo que apenas ellos intuían. ¡Jesús es, en realidad, la persona que dijo ser! La palabra griega para "transfigurado" es *metamorfóo (μεταμορφόω),* de la cual sacamos la palabra metamorfosis. Usamos esta palabra para describir el cambio que ocurre cuando una oruga se convierte en mariposa. Los discípulos vieron en un instante cómo el rostro de Jesús "resplandeció como el sol, y sus vestidos fueron blancos como la luz". Esto nos recuerda a Moisés en Sinaí. Después de su encuentro con Dios, la cara de Moisés brillaba tanto que la gente tenía miedo. Entonces, Moisés tuvo que usar un velo sobre su cara *(Éxodo. 34:29-35)*. Los discípulos conocen esta historia de Moisés y pueden ver la conexión. El libro de Apocalipsis habla de la cara del Hijo del Hombre "como el sol cuando resplandece en su fuerza" *(Ap. 1:16)*. Lo que sucede allí es que usted empieza a vivir una nueva dimensión de su relación con Cristo, recibiendo de él las cosas que nunca vio ni escuchó *(1 Co. 2:9)*. Estas cosas, estos misterios reservados desde antes de la creación del mundo para los hijos de Dios están en las manos de Jesús; y para recibirlas hay que venir a un encuentro íntimo y personal con Él *(Mateo 11:25-27)*. El resultado es tremendo, pues en este precioso lugar, usted puede mirar a cara descubierta, no con velo, como sucede con todos los que aún no se han atrevido a entrar en el lugar santísimo por el camino nuevo que Cristo abrió a través del velo, que es su propia carne *(Heb. 10:19-20)*; por lo que no pueden entender, hasta que se conviertan de verdad al Señor y el velo les sea quitado. Pues ahora nosotros, ya sin el velo que nos cubría la cara, somos como un espejo que refleja la gloria del Señor, y vamos transformándonos en su imagen misma, porque cada vez tenemos más de su gloria, y esto por la acción del Señor que es el Espíritu *(2 Co. 3:18)*. Así que, cuando estamos verdaderamente en la presencia de Dios, ya no necesitamos de una señal para movernos a hacer su voluntad (*Mateo 16:1-4*), sino que nos movemos para llevar la gloria de Dios a otros porque las señales nos siguen, como resultado de la llenura del Espíritu Santo en nuestras vidas (*Marcos 16:17*). Esto es un claro indicio de que ya no servimos al pecado, sino a un llamamiento mejor, que es supremo; comprendiendo, al mirar el resplandor de su rostro, quién es la maravillosa persona de Jesucristo. *El rostro de Jesús "resplandeció como el sol, y sus vestidos fueron blancos como la luz";* sólo al mirarle a Él, podemos entender lo que somos y lo que llegaremos a ser, si permanecemos unidos a Él. Porque sólo mirándonos en Él, como en un espejo, podemos comprender nuestra vida en este mundo y cómo ser la imagen de Él en este mundo *(1 Jn. 4:9-17).* Somos transformados, mirando como en un espejo la gloria del Señor *(2 Co. 3.18)*, para ejercer lo que Él ha dicho que somos en Él, LA LUZ DEL MUNDO *(Mt. 5:14)*. No pretendiendo hablar grandes cosas sin haberlas entendido con toda nuestra manera de vivir, ni haciendo alarde de poder y derroche de gloria, que sólo le pertenecen a Dios, sino siendo humildes y sencillos como Él es *(Mt.11:29)*.

Esta maravillosa experiencia que usted está comenzando a vivir, dará como resultado una relación con Dios en una dimensión real, que se hace manifiesta en la vida cotidiana y no tan sólo en el culto público. Este encuentro íntimo y personal con Jesús, con la Shekinah de Dios (su presencia magnífica), ha de llevarle a una relación más allá del misticismo, una relación que no se limita a permanecer en la montaña. Este fue el primer impulso que sintió el apóstol Pedro, al ver a Jesús transfigurado, quiso hacer tres enramadas y permanecer allí en una constante contemplación de lo divino *(Mt. 17:4)*. Muchas personas hoy, buscan el éxtasis, la experiencia de una vida espiritual sin mayores compromisos; pero el propósito de un encuentro en el Monte Santo de Dios, es que usted comprenda la naturaleza nueva de la que ha sido hecho copartícipe. Una naturaleza que debe manifestarse al mundo, esto significa que usted no vive una fe fuera de la realidad que le rodea, algo que nunca va a pasar en su mundo cotidiano, sino que esa fe es la fuerza que le da la certeza, la seguridad y la convicción de lo que usted espera que se manifieste de Dios en y a través suyo en este mundo. Así que, otros verán y comprenderán por su testimonio, que tener fe es tener la plena seguridad de recibir lo que se espera; es estar convencidos de la realidad de cosas que no vemos, pero que se hacen tangibles al mundo, como resultado de nuestra unión con Cristo *(Heb. 11:1)*. Otro aspecto de la nueva naturaleza de la que hemos sido hechos copartícipes, radica en la toma de conciencia del lugar al que pertenecemos. Pedro, Jacobo y Juan tuvieron una visión de algo que posiblemente en ese instante no dimensionaron, quizás por el hecho de que estaban estupefactos ante este evento. *"Y he aquí les aparecieron Moisés y Elías, hablando con él"* *(Mt. 17:3)*, a parte de que representan la Ley (Moisés) y los Profetas (Elías), también son las figuras más importantes del Antiguo Testamento y las secciones más autoritarias de las Escrituras Hebreas. Los dos eran "profetas que fueron, al principio, rechazados por la gente pero vindicados por Dios...entonces representan el mundo celestial de divina vindicación". Según la perspectiva de Mateo, después de la Pascua, Jesús también pertenece a este mundo celestial. Y todos los que hemos sido hechos nuevas criaturas, por la fe en el unigénito Hijo de Dios, pertenecemos a este mundo celestial, el reino de Dios *(Fil. 3:20);* por lo tanto, el resultado de nuestro encuentro con Él, no es sólo la manifestación del éxtasis del culto y la apariencia de una devoción exaltada del YO, sino un genuino compromiso con la obra del reino de Dios en cada corazón. Jesús mismo hizo esta declaración acerca de quienes le seguían y los que le seguirían en todos los siglos restantes antes de su advenimiento: *"Yo les he dado tu palabra; y el mundo los aborreció, porque no son del mundo, como tampoco yo soy del mundo. No ruego que los quites del mundo, sino que los guardes del mal. No son del mundo, como tampoco yo soy del mundo. Santifícalos en tu verdad; tu palabra es verdad. Como tú me enviaste al mundo, así yo los he enviado al mundo"* (Jn. 17:14-18). Ahora usted debe tener una clara conciencia que su vida y toda su manera de ser en este mundo, no puede seguir regida por los rudimentos de este mundo. Su vida ha sido tomada por Dios para formar parte de otro orden, un nuevo orden que está reservado para quienes comprenden y viven bajo los preceptos de un reino carente de oscuridad. El apóstol Pablo, en su primera carta a los corintios, nos enseña que la naturaleza del primer hombre era terrenal *(1 Co. 15:47)*; por esto, todos desde entonces nacemos con una naturaleza terrenal apartados de Dios. Porque el hombre en esta naturaleza se rebeló contra Dios, no tomando en cuenta Su palabra que advertía del peligro que corría, si comía del fruto del árbol del conocimiento de la ciencia del bien y del mal *(Gn. 2:17)*. Pero, el segundo hombre, que es el Señor, es del cielo y todos los que hemos nacido de nuevo en Él, somos nuevas criaturas conforme a la imagen del hombre perfecto en la humanidad de Cristo *(2 Co. 5:17)*. Vivificados en el espíritu conforme a naturaleza celestial de Cristo, quien es el espíritu vivificante; y aquí hay una gran diferencia, pues aunque hemos recibido la naturaleza del hombre terrenal, también por la fe en Jesucristo se manifestará en nosotros la imagen del celestial. Así que, aunque vivamos en este mundo temporalmente, toda nuestra existencia de aquí en adelante sólo puede manifestar al mundo la supereminente naturaleza de Cristo: *"Cual el terrenal, tales también los terrenales; y cual el celestial, tales también los celestiales"* *(1 Co. 15:45-49)*.

Vivimos en un mundo que está cautivado por el sexo, la tecnología y las posesiones materiales; una irresistible influencia en el ánimo de la humanidad que hace difícil para la mayoría de los creyentes el poder subir al Monte Santo de Dios para tener una experiencia íntima y personal con Él. Hoy se habla de poseer la tierra, una tierra que muchos ignoran que está a punto de perecer junto con sus moradores, una tierra maldita *(Gn. 3:17)*. No que tengamos que vivir en pobreza, conformándonos a la escasez y miseria para agradar a Dios; por el contrario, como hijos de Dios, quien es el dueño del oro y de la plata y del mundo y su plenitud, debemos tener conciencia que todas las cosas están puestas para servicio nuestro. Para señorear y prosperar sobre ellas, no siendo codiciosos y avariciosos, porque principio de todos los males es el amor al dinero *(1 Ti. 6:10)*, y manteniendo sin fluctuar la esperanza que no avergüenza en Jesucristo *(Ro. 5:1-5)*. Pues Dios promete a sus seguidores una tierra nueva bajo unos cielos nuevos, esa es nuestra verdadera heredad, donde podremos disfrutar a plenitud todas las cosas eternamente y para siempre *(2 P. 3:7-13)*. Otros buscan moverse en el espíritu de Elías, y pretenden pararse como Elías ante las multitudes, ignorando que Elías ya vino *(Mt. 17:11-13)*, y que la iglesia permanece aún en la tierra tan sólo para testificar el amor de Dios en Jesucristo, para que todo aquel que en Él crea no se pierda mas tenga vida eterna; para testificar el poder del evangelio y que Jesucristo es poder y sabiduría de Dios, para todo aquel que le recibe con mansedumbre, dando la Gloria a quien es digno de recibirla, Jesucristo. Por esto, cuando entramos en la Shekinah de Dios, cuando buscamos la íntima y maravillosa revelación de Su rostro, comprendemos que es a Jesús a quien debemos escuchar *(Mt. 17:5)*. Que todas las maravillosas palabras de la Ley y los Profetas se concentran en una sola persona, Jesucristo. Al estar en su presencia usted reconocerá que ya no están Moisés ni Elías, que tan sólo allí, en el Monte Santo, hay cabida para dos, Usted y el Señor; y que un toque de Su gloria, tan sólo un toque de Su gloria, quita todo temor para caminar en medio de la enfermedad, el dolor y la adversidad: *"Mientras él aún hablaba, una nube de luz los cubrió; y he aquí una voz desde la nube, que decía: Este es mi Hijo amado, en quien tengo complacencia; a él oíd. Al oír esto los discípulos, se postraron sobre sus rostros, y tuvieron gran temor. Entonces Jesús se acercó y los tocó, y dijo: Levantaos, y no temáis. Y alzando ellos los ojos, a nadie vieron sino a Jesús solo"* (Mt. 17:5-8).

Señor, hoy he comprendido que tu propósito eterno es que pase de ser un creyente que vive bajo los rudimentos del mundo, a un hijo tuyo que manifieste al mundo la naturaleza de Cristo en toda mi manera de vivir; por lo cual te pido que me ayudes a cambiar mi manera de pensar ante la realidad que me rodea y la que Tú quieres revelarme, para que sea yo transformado completamente. Amén.

El Camino del Discípulo

Viendo la multitud, subió al monte; y sentándose, vinieron a él sus discípulos. Y abriendo su boca les enseñaba.

Mateo 5:1-2

lgo que seguramente le estará sucediendo a usted, como ocurre con todos los que entramos en una relación íntima y personal con Cristo, es que una vez probadas las mieles de Su excelsa presencia, ya no se quiere dejar de experimentarlo. Lo que usted aprende en cada encuentro con el Señor, no lo aprende en ningún instituto bíblico o seminario. No se lo digo por menospreciar lo que se enseña en estas instituciones, porque son una verdadera bendición en la capacitación del pueblo de Dios para Su obra. Lo que digo, es que todo lo que usted escucha de sus pastores en su iglesia local, todo lo que le enseñan en el instituto bíblico o en el seminario; cobra sentido especial para su vida cuando usted entra en el secreto de Dios, en Su Monte Santo. Muchas personas, no creyentes, que no han querido rendir su mente, sus emociones y su voluntad a Cristo; leen la Biblia, pero no la entienden y no pueden, porque no tienen al Espíritu Santo morando en sus vidas. Lo mismo ocurre con gente que acude a la iglesia local, que escucha el sermón del domingo, sale muy motivada; pero, en el transcurso de la semana sus ocupaciones y deberes sociales y laborales le hacen olvidar esta palabra. Por lo que sus vidas no pueden experimentar un genuino crecimiento espiritual, ya que sólo dejan la búsqueda de la verdad que les puede hacer libres para una vez cada semana, durante apenas unos cuantos minutos. Lo que da como resultado un perceptible escepticismo hacia las promesas de Dios. ¿Por qué escepticismo? Porque existe un culto religioso, diseminado por todo el mundo, y cuyo ídolo se erige en cada corazón, este es el YO. El conocido predicador Wilbur Rees, adornadas con tonos de sarcasmo, ha escrito las siguientes palabras: *"Me gustaría comprar tres dólares de Dios, por favor; una cantidad que no sea suficiente para hacer explotar mi alma ni para perturbar mi sueño, sino que equivalga a un vaso de leche caliente o a una siesta bajo el sol. No quiero tanto de él que me obligue a amar a los negros, ni recoger remolachas con los labradores. Quiero éxtasis no transformación; quiero el calor del vientre, no el nuevo nacimiento. Quiero medio kilogramo de lo eterno en una bolsa de papel. Me gustaría comprar tres dólares de Dios por favor"*. Así es la situación: En muchos, el Yo no quiere abandonar a Dios por completo; sólo quieren mantenerlo a prudente distancia para sentirse cómodos. Tres dólares de Él les resulta suficiente. Una bolsa llena nada más. Sólo lo suficiente para que le garantice el escape de las llamas eternas. No tanto como para que le mantenga nervioso…no tanto como para que comience a inmiscuirse en sus prejuicios o a reprocharle su estilo de vida. El resultado de entrar a la presencia de Dios en Su monte santo, cada mañana, cada tarde y cada noche; será, no sólo que se revele a sí mismo, sino también Sus planes y Sus propósitos para su vida. Esto es algo que revolucionará su vida, llevándole a un nivel de fe que usted no imaginó y que sólo se entiende a través de la experiencia personal: *"Antes bien, como está escrito: Cosas que ojo no vio, ni oído oyó, Ni han subido en corazón de hombre, Son las que Dios ha preparado para los que le aman. Pero Dios nos las reveló a nosotros por el Espíritu; porque el Espíritu todo lo escudriña, aun lo profundo de Dios"* (1 Co. 2:9-10).

Las cosas maravillosas que Dios preparó para usted, desde antes de la fundación del mundo, son las que usted debe recibir de Él. Estas son la luz y la verdad que le guiarán por un camino nuevo, que usted nunca antes transitó; un camino deleitoso que le hará dar pasos de fe realmente consecuentes con los propósitos de Dios para su vida. Es un camino que difiere de los planteamientos mundanos, aquellas cosas que están buscando desesperadamente la mayoría de las personas, entre las cuales hay muchos hijos de Dios que no han comprendido el mensaje de Cristo. *"Porque los gentiles buscan todas estas cosas; pero vuestro Padre celestial sabe que tenéis necesidad de todas estas cosas". (Mt. 6:32).* Luego, usted tiene que tener bien claro en lo profundo de su corazón qué es lo que busca de Dios; si en realidad busca hacerse de los tesoros pasajeros de este mundo, aquellas cosas que perecerán juntamente con quienes avariciosamente se pierden entre el afán y la ansiedad o si en realidad usted busca aquello que verdaderamente sacie su alma y todo su ser; porque donde esté su tesoro, allí también estará su corazón (*Lc. 12:34*). Usted tiene que anhelar lo que Dios ha reservado para su vida, Él lo ha guardado celosamente desde antes de la fundación del mundo única y exclusivamente para usted. La mayoría de las personas viven mirando a otros para tratar de parecerse a esas personas tan exitosas; pero, en algún momento de sus vidas llega el envanecimiento y todo se echa a perder. En otros, ocurre que después de un tiempo el peso de la frustración los lleva a una vida de dolor y amargura. Mas lo que Dios ha reservado para usted, no lo dará a otro; pues a otro ha reservado algo que no dará a usted y en esto Él es celoso, pues Él nos mira a cada uno de sus hijos como lo que somos: únicos e irrepetibles. Y esta es una de las razones por las que Él no quiere que ninguno dejemos de recibir Su salvación, porque somos únicos e irrepetibles. Por esto, aunque parece que tardase la promesa de Su advenimiento, Él tiene una buena razón para ser paciente con la humanidad; pues no quiere que ninguno perezca, sino que todos procedan al arrepentimiento (*2 P. 3:9*). *"Porque somos hechura suya, creados en Cristo Jesús para buenas obras, las cuales Dios preparó de antemano para que anduviésemos en ellas" (Ef. 2:10).* Piense en esto, Dios lo creó único e irrepetible para un propósito maravilloso. Él formó su cuerpo en el vientre de su madre, cuando usted no tenía conciencia de nada, Él entretejió su cuerpo en ese lugar cálido y seguro del vientre de su madre; oculto del mundo, formando allí cada aspecto único e irrepetible de su ser. Y mientras hacía esto, también determinaba las cosas que habrían de ser para usted, cuando le reconociera como su Señor y su Salvador *(Sal. 139: 14-17).* Sí, el Señor ha estado en cada aspecto de su vida; Él le vio dar sus primeros pasos y supo cuántas veces intentó ponerse en pie para luego caer al suelo. Él mismo es quien ha estado a su lado en todos los eventos de su vida, sabe de sus tristezas y sus alegrías, sus aciertos y desaciertos, Él lo sabe todo de usted, porque está sumamente interesado en usted y quiere que usted le conozca para que pueda experimentar la vida eterna: *"Y esta es la vida eterna: que te conozcan a ti, el único Dios verdadero, y a Jesucristo, a quien has enviado"* (Jn.17:3).

Ahora bien, este conocimiento tan sólo vendrá a usted al entrar en una relación íntima y personal con el Dios eterno a través de Su unigénito Hijo, Jesucristo. Al buscar esta relación con el Señor Jesucristo, el Espíritu Santo obrará en usted las cosas que Jesús mismo dijo que haría, en tanto que esperamos su regreso: *"Pero cuando venga el Espíritu de verdad, él os guiará a toda la verdad; porque no hablará por su propia cuenta, sino que hablará todo lo que oyere, y os hará saber las cosas que habrán de venir. El me glorificará; porque tomará de lo mío, y os lo hará saber. Todo lo que tiene el Padre es mío; por eso dije que tomará de lo mío, y os lo hará saber"* (Jn. 16:13-15). Esto es lo que usted debe anhelar en su vida, que el Señor le revele Sus planes y Sus propósitos para que usted pueda hacer la perfecta voluntad de Dios. Muchas personas en todo el mundo están haciéndole saber a Dios sus planes y sus propósitos personales, y esta es la razón por la cual todos van de aquí para allá como sin rumbo, en un activismo religioso independentista. Cada quien mirando por lo suyo propio, desconociendo que Cristo es la cabeza y la iglesia es Su cuerpo, no un monstruo con muchos cuerpos, sino un solo cuerpo. Así que, usted tiene que venir al Monte Santo de Dios para tener un encuentro íntimo y personal con la Luz y la Verdad de Dios que le guiarán a hacer Su perfecta voluntad. Tal como lo dijo el salmista en un momento de su vida, cuando se encontraba sin dirección y se sentía desprotegido: *"Envía tu luz y tu verdad; éstas me guiarán; Me conducirán a tu santo monte, Y a tus moradas"* (Sal. 43:3). El Santo Monte de Dios es el lugar donde usted va a encontrarse con la verdad, esa verdad que la hará libre para servir al Dios no conocido. En cada época de la historia Dios se ha revelado a personas, y gran parte de estos encuentros están relacionados con lugares montañosos. Las montañas o montes, tienen una gran significación en la geografía y la historia de Palestina. En consecuencia, las Escrituras frecuentemente las mencionan. Su influencia sobre una mayor precipitación pluvial las convierte en símbolos de fertilidad *(Dt. 33.15; Jer. 50:19; Mi. 7:14)*, también son lugares de pastoreo *(Sal. 50:10)* y zonas de caza *(1 S. 26.20)*. Por su difícil accesibilidad constituyen lugares de refugio *(Jue. 6:2; 1 S. 14:21-22; Sal. 68:15-22; Mt.24:16)*. También, los montes son símbolo de continuidad eterna *(Dt. 33:15; Hab. 3.6)* y estabilidad *(Is.54:10)*. Se los considera como las primeras cosas que se crearon *(Job. 15:7; Pr. 8:25)*, de origen antiguo *(Sal. 90:2)*, y objetos de la potencia del Creador *(Sal. 65:6)*, y de Su majestad *(Sal. 68:16)*. Forman el escenario de teofanías, y tiemblan ante la presencia de Dios *(Jue. 5:5; Sal. 97:5; Is. 64:1; Mi. 1:4)*. Se les pide que cubran a los culpables ante Su rostro *(Os. 10:8; Lc. 23:30)*. Cuando Dios los toca producen humo *(Sal. 104:32; 144:5)*. También se regocijan ante el advenimiento de la redención de Israel *(Sal. 98:8; Is. 44:23; 49:13; 55:12)*, saltan ante la alabanza del Señor *(Sal. 114:4-6)* y se les pide que sean testigos de sus relaciones con Su pueblo (Mi. 6:2). El monte alto simboliza un lugar donde se encuentran el cielo y la tierra, el lugar donde Dios se revela. El monte alto también recuerda al Monte de Sinaí, donde Moisés se encontró con Dios, causando grandes consecuencias. Así que este lugar entre el cielo y la tierra en su vida devocional diaria, traerá grandes consecuencias a su vida, espiritual, física y materialmente.

Los montes simbolizaban un lugar de autoridad y fueron lugares que Jesús escogió para enseñar y orar durante su ministerio en la tierra, podemos verlo a través de los cuatro evangelios. Allí impartió grandes enseñanzas a sus discípulos, y es el lugar donde usted debe acudir cada mañana, cada tarde y cada noche para ser enseñado por el maestro y recibir lo que Él reservó para usted desde antes de la fundación del mundo. *"Viendo la multitud, subió al monte; y sentándose, vinieron a él sus discípulos" (Mt. 5:1)*, el propósito de Dios es que usted sea algo más que un simple creyente; usted debe acercarse a Él como uno de sus discípulos. No como uno que cree saberlo todo sobre Él, sino como uno que necesita aprender de Él. Es decir, rendir toda su mente, sus emociones y su voluntad ante Dios, para hacerse un aprendiz (esto corresponde al gr. μαθητής = *mathētēs, de* μανθάνω = *mathanō, "aprender")*. Hay personas que "saben tanto", que ya no es posible que sean enseñados por nadie; seguro que usted también ha conocido a algunos. Algo maravilloso que ocurre cuando podemos despojarnos de nuestra humana sabiduría, para ir a la presencia de Dios dispuestos a ser enseñados por Él, es que Él tiene algo nuevo para entregarnos cada día cuando apelamos a Su sabiduría *(Stg. 1:5)*. Allí es cuando entendemos por qué Cristo es poder de Dios, y sabiduría de Dios; al ver claramente que lo que la humanidad tiene por insensato de Dios, es más sabio que todo el conocimiento terrenal, y que lo que muchos tienen por débil de Dios, es más fuerte para vencer al mundo *(1 Co. 1:18-31)*. Así que, usted debe acercarse a Dios con un corazón dispuesto a ser enseñado, aún sabiendo que el conocimiento de la verdad, algunas veces le resultará doloroso: *"Porque la palabra de Dios es viva y eficaz, y más cortante que toda espada de dos filos; y penetra hasta partir el alma y el espíritu, las coyunturas y los tuétanos, y discierne los pensamientos y las intenciones del corazón"* (Heb. 4:12). Mas el resultado será maravilloso, usted será completa e incomparablemente libre; pues sólo el Señor tiene palabras de vida eterna.

"Y abriendo su boca les enseñaba" (Mt. 5:2), Cuando usted se acerca a Dios con un corazón dispuesto a ser enseñado y con la actitud de escuchar su voz, antes de hablar incesantemente para que Él le escuche; entonces, notará que él abrirá su boca para hablarle a usted. Nuestra relación con Dios cambia radicalmente, cuando dejamos de entrar a Su presencia para orar durante horas sin parar y mejor nos disponemos para entablar un diálogo donde los dos hablamos. Y a mí, personalmente, me gusta más cuando Él habla; porque cuando Él habla, yo sólo escucho y cuando escucho su voz, entonces aprendo algo nuevo, más valioso para mi vida que el mayor de los tesoros del mundo. Pues cuando el Señor abre su boca, no lo hace para mostrarme que Él es el único y sabio Dios en cuya presencia me derrito (aunque con esto lo demuestre); sino que yo debo entender que cuando el abre su boca es para decir algo verdaderamente importante que transformará mi vida. Cuando estamos verdaderamente dispuestos a escuchar su voz, Él abre Su corazón y nos muestra los contenidos más íntimos de su ser: *"Antes bien, como está escrito: Cosas que ojo no vio, ni oído oyó, Ni han*

subido en corazón de hombre, Son las que Dios ha preparado para los que le aman. Pero Dios nos las reveló a nosotros por el Espíritu; porque el Espíritu todo lo escudriña, aun lo profundo de Dios. Porque ¿quién de los hombres sabe las cosas del hombre, sino el espíritu del hombre que está en él? Así tampoco nadie conoció las cosas de Dios, sino el Espíritu de Dios. Y nosotros no hemos recibido el espíritu del mundo, sino el Espíritu que proviene de Dios, para que sepamos lo que Dios nos ha concedido" (1 Co. 2:9-12). Así que, ahora usted va a comprender que una sola de las palabras que salen de la boca de Dios, es pan que sacia de verdad. Pan que nutre enteramente su espíritu, su alma y todo su ser. Usted comprenderá, porqué todos los que se acercan a Jesús a escuchar su palabra, son bienaventurados. La palabra "bienaventurado" *(gr. μακάριος = makários, supremamente bendecido)* se refiere a una felicitación por parte de Jesús al llenar un requisito o característica especial, que hace apta a una persona para el servicio activo del reino. Cuando usted escucha a Dios y pone por obra Su palabra, Él le llama bienaventurado *(Sal. 1:1)* y esto es algo que cambia la perspectiva que tiene usted de su propia vida, porque todo lo que ha vivido en el pasado, lo que vive ahora y lo que vivirá en el futuro está unido por un hilo irrompible en Cristo Jesús, y es el eterno amor con que Él le ama. Cuando Jesús abre su boca nos da instrucción acerca de la justicia ajustada a todos los que entran en el Reino de los cielos. Sólo los nacidos del Espíritu pueden llegar al estado de alma bienaventurada a los ojos del Señor. No se trata de una exigencia, como en el Sinaí, sino de la descripción que hace Cristo de aquellos que son aptos para el Reino. No se trata de un mensaje de gracia a los pecadores; no es el evangelio de la gracia de Dios a los perdidos, sino Sus palabras para Sus discípulos; y lo que se espera de ellos es la obediencia personal.

"Bienaventurados los pobres en espíritu, porque de ellos es el reino de los cielos" (Mt. 5:3). Ahora usted puede diferenciar entre tener escasez material y lo que es ser pobre de verdad, pues la palabra "pobreza" *(gr. πτωχός = ptojós)*, en el contexto de este pasaje, no hace referencia a la falta de bienes o recursos materiales, sino a la incapacidad inherente del hombre para resolver por sí solo todas las situaciones de la vida. Cuando usted viene a la presencia de Dios y reconoce que no es autosuficiente para resolver sus problemas, y que por el contrario usted necesita de Su Divina intervención, es entonces cuando el Señor se regocija de poder cumplir sobre su vida la promesa que hizo un día y que ha reservado para usted en el momento en que apelara a ella: *"Clama a mí, y yo te responderé, y te enseñaré cosas grandes y ocultas que tú no conoces" (Jer. 33:3).* Sí, Él abrirá su boca para enseñarle un camino más excelente, por el que podrá alcanzar el éxito. Usted puede abrazar ahora mismo el reino de los cielos; el reino de los cielos le pertenece a los pobres de espíritu, a los que reconocen que necesitan una respuesta de Dios: Su sabiduría, Su poder y Su dirección, para encaminar sus pasos por la senda que Él preparó para que anduviésemos en ella

hasta alcanzar la plenitud de las bendiciones reservadas para los hijos de Dios: *"Me mostrarás la senda de la vida; En tu presencia hay plenitud de gozo; Delicias a tu diestra para siempre"* (Sal. 16:11).

"Bienaventurados los que lloran, porque ellos serán consolados" (Mt. 5:4). El llanto es un aspecto emotivo del ser humano, es un sentimiento que se produce como resultado de la pobreza espiritual al llegar a la plena conciencia de que se ha hecho mal, se ha pecado. Esto es algo real, cuando miramos el mal que hemos hecho en nuestra vida, sentimos vergüenza. Al llegar a la presencia de Dios en Su Monte Santo, no importa cuan larga sea nuestra trayectoria en el ministerio al servicio de Dios; allí, ante su maravillosa presencia, no podemos menos que quebrantarnos y prorrumpir en llanto amargo. Una sola de sus miradas nos muestra que no somos tan altos como creemos, ni tan pequeños como nos vemos; allí brota la verdad de lo que somos y lo que no somos. Pero lo extraordinario de estar en ese lugar, es que si lloramos Él nos consuela. La palabra "consolar" (gr. παρακαλέω = *parakaléo*), se compone de dos raíces primarias παρά = *pará*, que significa cerca, junto a, y la palabra καλέω = *kaléo*, que significa llamar, invitar. Es maravilloso comprender el significado de esta palabra, pues lo que el Señor Jesucristo nos dice es que Dios, el Padre, tiene una respuesta para cada una de nuestras aflicciones. Dios desea que permanezcamos junto a Él; allí en Su presencia nos pastoreará y nos mostrará Su amor envolvente (Sal. 23: 1-6). Es lo mismo que le ocurrió

al profeta Isaías. El capítulo seis del libro de Isaías, nos relata cómo al momento de tener tan admirable visión, el profeta experimentó un intenso quebranto: *"Entonces dije: ¡Ay de mí! que soy muerto; porque siendo hombre inmundo de labios, y habitando en medio de pueblo que tiene labios inmundos, han visto mis ojos al Rey, Jehová de los ejércitos"* (Is. 6:5). En un instante, el profeta Isaías fue transpuesto de un mundo donde reina el pecado, y del cual a veces nos cuesta diferenciarnos, a un mundo donde todo es santidad. Allí no fue suficiente la vida devocional que llevaba el profeta, allí tuvo que reconocer que ninguno de los esfuerzos humanamente posibles nos acercan a la santidad de Dios. Más aún, lo extraordinario de Dios es que Él nos consuela, para que podamos habitar confiados en Su presencia: *"Y voló hacia mí uno de los serafines, teniendo en su mano un carbón encendido, tomado del altar con unas tenazas; y tocando con él sobre mi boca, dijo: He aquí que esto tocó tus labios, y es quitada tu culpa, y limpio tu pecado"* (Is. 6:6-7). Quizás alguien piense en lo profundo de su corazón que el profeta Isaías no habría cometido los actos vergonzosos que pesan en su conciencia; pero déjeme decirle que cuando nos quebrantamos en su presencia hasta las lágrimas, él nos perdona y nos consuela. Pues Él es justo y fiel para perdonarnos y para consolarnos tal y como lo ha prometido *(1 Jn 1:8-9; Ap. 21:3-4).*

"Bienaventurados los mansos, porque ellos recibirán la tierra por heredad" (Mt. 5:5). El elevado lugar que se concede a la mansedumbre en la lista de

virtudes humanas se debe al ejemplo y la enseñanza de nuestro señor Jesucristo. Los escritores paganos mostraban mayor respeto por el hombre que confiaba en sí mismo. No obstante sus raíces se encuentran en el Antiguo Testamento. El adjetivo 'ānāw (heb. עָנָו) se traduce "manso", "humilde", en general, como también mediante otros términos relacionados con su significado básico, "pobre y afligido", del cual se deriva la cualidad espiritual de paciente sumisión y humildad *(Sal. 22:26; 25:9; Is. 29:19).* La mansedumbre es una cualidad del rey mesiánico *(Zac. 9:9),* el tema de Sal. 37:11, *"Los mansos heredarán la tierra",* lo repite nuestro Señor en las bienaventuranzas *(Mt. 5:5).* En mansedumbre Moisés, aunque retenía la fortaleza del liderazgo, se mostró dispuesto a aceptar daños personales sin resentimiento o recriminación *(Nm. 12:1-3).* En el Nuevo Testamento la palabra mansedumbre (*prautês* y el adjetivo $\pi\rho\alpha\ddot{\upsilon}\varsigma$ = *praus*) se refieren a una actitud interior, mientras que la benignidad o ternura se expresa más bien por una acción externa. Es parte del fruto del carácter semejante al de Cristo, producido solamente por el Espíritu *(Gá. 5:23).* Los mansos no se recienten ante la adversidad, debido a que aceptan todo como efecto del sabio y amoroso propósito de Dios para ellos, de modo que también toleran injurias de los hombres, sabiendo que Dios las permite para su bien final *(2 S. 16:11).* La mansedumbre se manifiesta en forma suprema en el carácter de Jesús *(Mt. 11:29; 21:5),* lo cual quedó demostrado en grado superlativo cuando se mantuvo sin replicar o justificarse a sí mismo ante quienes le acusaban injustamente. Esto nos da una visión detallada de la sumisión absoluta que proyecta un servicio leal al reino de los cielos. Gobernado y dirigido completamente por Dios. Así que, la lealtad no consiste en vivir comprometido con un activismo religioso, donde lo primordial es cuánto se hace y cuan lejos se llega en este hacer, para ser reconocidos. Sino cuán comprometido se está con la formación del carácter de Cristo en nuestra vida. La sumisión no se puede alcanzar sin una autentica humildad que destrone el orgullo humano. Aquella actitud que reconoce el propio lugar bajo la condición de criatura de Dios, opuesta a la presunción, afectación u orgullo. Es triste ver a personas ejerciendo poder y autoridad sobre sus propios congéneres, afligiéndoles y haciéndoles sentir inferiores en su relación con Dios, lo cual crea una dependencia y una sumisión a los propósitos del hombre y no a los de Dios. Cuando vamos a la presencia de Dios, debemos recordar siempre que aún cuando somos coherederos y miembros del mismo cuerpo, y copartícipes de la promesa en Cristo Jesús por medio del evangelio *(Ef. 3:6)*, no somos iguales a Dios; hemos sido hechos de una nueva naturaleza conforme a la celestial *(1 Co. 15:48)*, pero nuestra condición ante Dios sigue siendo la misma, de seres creados…*"De modo que si alguno está en Cristo, nueva criatura es; las cosas viejas pasaron; he aquí todas son hechas nuevas"* *(2 Co. 5:17)*. Es decir, somos nuevas criaturas en un proceso de santificación, para habitar un lugar especial que Dios ha preparado para quienes aceptan su ofrecimiento de salvación y vida eterna, mediante Jesucristo. Entonces, la mansedumbre viene a ser en el discípulo, aquella actitud que reconoce el propio lugar bajo la condición de criatura de Dios, un punto de partida para producir los frutos del Espíritu en un corazón transformado. La persona humilde reconoce su dependencia de Dios, no busca el dominio sobre sus semejantes, sino que aprende a darles valor por encima de sí mismo: *"Porque así dijo el Alto y Sublime, el que habita la eternidad, y cuyo nombre es el Santo: Yo habito en la altura y la santidad, y con el quebrantado y humilde de espíritu, para hacer vivir el espíritu de los humildes, y para vivificar el corazón de los quebrantados"* (Is. 57:15). Dios mismo atiende a los humildes *(2 Co. 7:6)*, y les da gracia *(1 P. 5:5)*. A su tiempo, Dios exaltará a los humildes sobre los soberbios que los oprimen *(Sal. 147:6)*. El Señor Jesús es el paradigma de la humildad, pues siendo Dios de gloria, se humilló asumiendo naturaleza humana, y dio en todos sus pasos el verdadero ejemplo de humildad en todos sus tratos con todos los que le rodeaban *(Mt. 11:29)*. La verdadera humildad se distingue de la forma falsa de humildad que lleva a una hipocresía. Se trata, más que de un voluntario desprecio de uno mismo, de una honesta valoración de uno mismo como criatura y de la adquisición de la consciencia de que nada somos ni tenemos que no nos haya sido dado por Dios, y que todo ello es a fin de que podamos servir con la actitud de corazón regida por el Espíritu Santo, y descrita, bajo el nombre de «fruto del Espíritu», en su multiforme manifestación *(Gá. 5:22, 23)*. Esta forma de vida hace que seamos influyentes en donde quiera que estemos.

"Bienaventurados los que tienen hambre y sed de justicia, porque ellos serán saciados" (Mt. 5:6). Quizás este le parezca un capítulo muy extenso; pero, si usted quiere ser verdaderamente libre y experimentar la vida abundante que ofrece nuestro Señor Jesucristo, este es el camino que debe emprender. Y más que emprenderlo a ciegas, comprenderlo plenamente, para que cada paso que dé en la fe, tenga el seguro soporte de la palabra de Dios. Y algo que le ayudará a encaminarse de una manera diferente en la voluntad de Dios, es que usted tenga un anhelo intenso de rectitud personal y por consiguiente de justicia y equidad en todos los aspectos de su vida. En este punto es donde he visto fracasar a muchos, llegando al desánimo que finalmente los conduce a apartarse del camino, porque no son saciados en su propia concepción de justicia. He visto a personas clamar por justicia divina, cuando ellos mismos no comprenden el significado de la justicia de Dios; siendo injustos con sus congéneres, aduciendo celo por los asuntos de Dios. La Biblia nos enseña en toda su extensión que debemos ser justos: *"Hijitos, nadie os engañe; el que hace justicia es justo, como él es justo" (1 Jn. 3:7)*. Dado que las escrituras expresan que la justicia es un atributo de Dios que mantiene lo que es coherente con su propio carácter, y que necesariamente juzga lo que está opuesto a Él: el pecado. De modo que

ninguna persona que tenga hambre y sed de justicia, ha de adentrarse en la mar de justicia de Dios, llevando en su mano la brújula de la injusticia para ser guiado. El hombre justo es también lo opuesto a la "anomia" (ausencia de ley) o pecado *(1 Jn 3:4-7)*. Aunque se debe tener presente que, por lo que al hombre se refiere, a parte de una obra de gracia en él, "no hay justo, ni aún uno" *(Ro. 3:10)*. Con independencia del hombre, Dios ha revelado su justicia en el juicio exhaustivo y eliminación del pecado, y del estado con el que estaba conectado el pecado en el hombre. Esto se realizó asumiendo el Hijo de Dios naturaleza de hombre, viniendo a formar parte de la raza humana, aunque sin pecado alguno en Él, y tomando en la cruz, vicariamente, el lugar del hombre bajo la maldición de la ley, siendo hecho pecado y glorificando a Dios al llevar el juicio del pecado *(Ro. 3:21-26)*. Así, la justicia de Dios, declarada y expresada en los santos en Cristo, es la respuesta divina al hecho de que Cristo fue hecho pecado. En la actualidad la justicia de Dios es revelada en el Evangelio y apropiada por la fe. Éste es un principio enteramente diferente de aquel mediante el que actuaba el judío, esto es, el de intentar establecer su propia justicia, sin someterse a la justicia de Dios *(Ro. 10:3)*. Su padre Abraham creyó a Dios, y le fue contado por justicia; y la fe del creyente le es contada como justicia, aparte de las obras *(Ro. 4:3, 5)*. Cristo Jesús nos es hecho justicia de Dios *(1Co.1:30)*. Él es el fin de la ley para justicia a todos aquellos que creen. Hay también la justicia práctica que caracteriza a cada cristiano. El conocer la justicia de Dios, es venir a ser siervo de justicia *(Ro. 6:13, 19, 22)*. En Efesios 6:14, el apóstol Pablo, al referirse a la armadura de Dios, hace una invitación a todo creyente de ceñir la coraza de justicia. Ponerse la coraza de justicia es tarea de cada creyente individual. Hay dos interpretaciones aquí: La primera es que la justicia significa una vida recta. La segunda es que se trata de la justicia provista en el evangelio. No se trata de la justicia que justifica, sino de aquella que nos santifica. Justicia es símbolo de santidad, de vida (la coraza, en la armadura de un soldado romano, está sobre el corazón y los órganos vitales), de rectitud. La justicia es una característica de Dios, la cual el creyente debe poseer. Filipenses 1:11 dice: *"Llenos de frutos de justicia que son por medio de Jesucristo, para gloria y alabanza de Dios"*. Es un mandamiento buscar y obtener la justicia de Dios…*"buscad primeramente del reino de Dios y su justicia" (Mt. 6:33)*. La justicia en el creyente le ayuda a comprender y a andar en el amor de Cristo *(1 Co. 13)*. Cuando nos ceñimos la *coraza de justicia*, obramos justicia, mostramos al mundo la nueva naturaleza de nuestra vida y que somos verdaderamente nacidos de Dios *(1 Juan 2:29)*. Porque en Cristo Jesús fuimos hechos justicia de Dios *(2 Corintios 5:21)*, para mostrarnos al mundo como un pueblo justo, por lo cual debemos *"vestirnos del nuevo hombre creado, según Dios en la justicia y santidad de la verdad" (Efesios 4:24)*.

"Bienaventurados los misericordiosos, porque ellos alcanzarán misericordia" (Mt. 5:7). Algo que jamás

podemos perder de vista es el hecho de que Dios nos ha permitido entrar en Su gloriosa presencia por Su gracia y Su misericordia. La gracia se ocupa del hombre, en su condición de culpable; la misericordia en su condición de desdichado. Dios es *"Padre de misericordias" (2 Co. 1:3). "Sus misericordias sobre todas sus obras" (Sal.145:9)*, y gracias a Su misericordia somos salvos *(Ef. 2:4; Tit. 3.5)*. A menudo Jesús fue "movido a misericordia", y nos dice, *"Sed, pues, misericordiosos, como también vuestro Padre es misericordioso" (Lc. 6:36)*. Los cristianos debemos vestirnos de "entrañable misericordia" *(Col. 3.12)*. Es la vestidura que nos debe identificar ante el mundo, como los hijos de Dios. Al estar en la presencia del Señor, usted se da cuenta que al amor de Dios cubre todo, absolutamente todo de su vida. Él no deja nada por fuera, nada queda pendiente, ese maravilloso atributo de Dios, en cuya virtud perdona todos sus pecados y miserias, le cobija de tal manera que usted ya no quiere estar fuera de él. Y esto es algo que le lleva a identificar la importancia de obrar el bien, porque usted ya recibió la misericordia de Dios. Usted llegará a descubrir (si aún no lo ha hecho), que la misericordia tiene dos vías, una es abrirse para recibir y la otra para dar, tanto para Dios como para el prójimo. Esto es algo que aprendí en mi propia experiencia con el Señor. Hace algunos años trabajaba en una gran compañía, buen salario y muchas garantías para mi familia, me sentía seguro y no faltaba nada en mi hogar. Pero, un buen día mi corazón se llenó de un ferviente deseo por dejar aquel empleo y vincularme de tiempo completo en la obra, claro está sin salario. Poco después se habían acabado los ahorros y las deudas asediaban por doquier; pero, algo maravilloso de aquella época, fue lo que aprendí de mano del Señor. Caí en la cuenta de que siempre di algo a otros, y me sentía seguro porque podía trabajar y no necesitaba pedirle nada a nadie. Aquel episodio de mi vida fue una oportunidad preciosa para ver y experimentar la misericordia de Dios; a pesar de no estar trabajando y no recibir un salario, Él me sostuvo junto con mi familia sin faltar ningún detalle. Mientras yo me ocupaba de orar por otros, de visitar los hospitales y llevar el mensaje de las buenas nuevas a los perdidos, Él se ocupaba de mis necesidades. Esto abrió mi corazón a recibir, y no negarle esta maravillosa oportunidad de ser bendecidos a otros, a través de la obra de misericordia hacia mí. Así que, usted se va a dar cuenta que este estilo de vida le adentra en un lugar especial, donde las misericordias de Dios serán para su vida esos lugares de delicados pastos de los que habla el Salmo 23.

"Bienaventurados los de limpio corazón, porque ellos verán a Dios" (Mt. 5:8). Este es un tema que hemos tratado en el capítulo dos; pero, en este punto es bueno detenerse a considerar. Lo que personalmente hago cada cierto tiempo, es examinar mi corazón. Examinarse a sí mismo, es algo que pudiéramos considerar como poco factible, pues el papel que juegan las emociones y nuestro propio intelecto, en la concepción de lo que es realmente

bueno o malo para nuestra vida, puede resultar engañoso. Y esto es algo que le ocurre a una gran mayoría de los creyentes, pues esta es una sentencia divina que se cumple constantemente: *"Engañoso es el corazón más que todas las cosas, y perverso; ¿quién lo conocerá?" (Jer. 17:9)*; pero, lo maravilloso es que contamos con el Espíritu Santo de Dios, quien nos guía a toda verdad *(Jn. 16:13)*. Cuando estamos verdaderamente dispuestos a experimentar un cambio radical en nuestra vida, de la mano de Dios, Él obra en favor nuestro para mostrarnos Su gloria. En el Monte Santo de Dios, usted percibe que todo lo que allí hay está glorificado por la santidad de Dios. Su vida misma es abrazada por la gloria incorruptible de Dios; y es allí, cuando la verdad de su corazón es desnudada. El salmista dijo al Señor estas palabras: *"Escudríñame, oh Jehová, y pruébame; Examina mis íntimos pensamientos y mi corazón" (Sal. 26:2)*, porque sabía que nadie puede pretender estar en la presencia de Dios, sin tener plena conciencia de lo que alberga su corazón. Aunque hoy son muchos los que pretenden hacerlo, y esto, por falta de sensatez y conocimiento. Razón por la cual no pueden experimentar la plenitud de vida que ofrece Jesús, y sus oraciones no son respondidas. Examinarnos a la luz de la palabra de Dios, es algo que no podemos dejar de hacer en ninguna etapa de nuestra vida como cristianos. Yo me quedo atónito al escuchar a personas que constantemente dicen: *"Dios me habló; Dios me dijo"*; pero al parecer ese encuentro con Dios no produce ningún cambio para sus vidas. Me asombra la manera como el rey David, se acerca a Dios y le dice: *"Examíname, oh Dios, y conoce mi corazón; Pruébame y conoce mis pensamientos; Y ve si hay en mí camino de perversidad, Y guíame en el camino eterno (Sal. 139:23-24)"*. La tremenda seguridad con que él se acercaba era un acto de conciencia, pleno de arrepentimiento y perdón. El salmista se detenía a mirar su camino a la luz de la palabra de Dios; hiciera lo que hiciera, su pensamiento giraba en torno a los preceptos de Dios y Su voluntad: *"Bendeciré a Jehová que me aconseja, aún en las noches me enseña mi conciencia"* *(Sal. 16:7)*. Había en él una disposición constante para ser corregido y para corregir su caminar en la tierra. Aunque el Antiguo Testamento carece de una palabra que signifique conciencia, pues aquí en el Salmo 16:7 el vocablo hebreo *kiliá* (כִּלְיָה) que se traduce como conciencia, significa literalmente *mis riñones*, considerados, de acuerdo con el pensamiento semítico, como la sede de las emociones y de los sentimientos más profundos. Cf. Sal 7.9; 26.2; Jer 11.20. Y el término griego *syneidēsis* (συνείδησις) está virtualmente ausente de la LXX, la palabra fundamental a la que pertenece es *synoida*, que aparece raras veces en el Nuevo Testamento y significa *"yo sé juntamente con"* *(Hch. 5:2,* la etimología estricta de *conciencia*, el equivalente latín de *syneidēsis)*, o - como se usa en la construcción *hautô syneidenai* – algo similar a la facultad del *"conocimiento de uno mismo"* *(1 Co. 4:4, "de nada tengo mala conciencia")*. El significado principal del vocablo *syneidēsis* en el Nuevo Testamento es una aplicación de la idea que antecede, y significa más que un simple "tener conciencia de", ya que incluye juicio moral sobre la cualidad (buena o mala) de un acto consciente. Hasta cierto punto el camino para llegar a este significado ya lo había preparado el judaísmo, pero cobra un fuerte sentido en relación con la nueva vida en Jesucristo. El apóstol Pablo nos insta a examinarnos constantemente *(1 Co. 11:31)*, pues son muchas las transgresiones que se comenten, al pensar que por estar bajo la gracia de Dios en Jesucristo, todos nuestros caminos son agradables a Dios. Así que, tener un corazón limpio es más que buenas intenciones, es mantener una plena conciencia de cada uno de nuestros actos que testifique a Cristo en nuestra vida: *"Examinaos a vosotros mismos si estáis en la fe; probaos a vosotros mismos. ¿O no os conocéis a vosotros mismos, que Jesucristo está en vosotros, a menos que estéis reprobados?"* *(2 Co. 13:5)*.

"Bienaventurados los pacificadores, porque ellos serán llamados hijos de Dios" (Mt. 5:9). Es indudable que el mundo necesita la paz. No ha habido paz en la tierra desde el principio, pues el designio del corazón del hombre apartado de Dios, ha sido el mal *(Gn. 6:5-12)*. Las fuerzas del mal han intentado, a toda costa, anular la manifestación de los hijos de Dios en el mundo. Me gusta la traducción del texto bíblico de la Nueva Versión Internacional en Mateo 11:12, que dice: *"Desde los días de Juan el Bautista hasta ahora, el reino de los cielos ha venido avanzando*

contra viento y marea, y los que se esfuerzan logran aferrarse a él". La Biblia Dios Habla Hoy dice: *"Desde que vino Juan el Bautista hasta ahora, el reino de los cielos sufre violencia, y los que usan la fuerza pretenden acabar con él"*. La Biblia Castillian traduce: *"Desde los días del ministerio de Juan el Bautista hasta hoy, se ha hecho violencia al reino de los cielos, y los violentos tratan de arrebatarlo"*. La Biblia El Pueblo de Dios: *"Desde la época de Juan el Bautista hasta ahora, el Reino de los Cielos es combatido violentamente, y los violentos intentan arrebatarlo"*. La traducción de la Nacar-Colunga es muy citada por muchas personas, pues dice: *"Desde los días de Juan el Bautista hasta ahora el Reino de los cielos es forzado, y los violentos lo arrebatan"*. Como pueden ver, las diferentes traducciones hablan de la violencia que ejercen las fuerzas del mal hacia el reino de los cielos. Hay una clara oposición en el mundo, al anuncio de las buenas nuevas del reino de los cielos; pero, lo triste es que algunos predicadores y maestros han enseñado, a través de este texto, que el reino de los cielos es para los violentos. No se logra entrar al reino de los cielos mediante un acto de violencia o una actitud agresiva, sino más bien mediante un acto de sumisión a la verdad de Dios; pues el contexto del pasaje dice que todos los profetas y la Ley misma se quedaron en las profecías. Pero, Juan el bautista, como éste Elías que había de venir, anunció la forma de entrar en el reino de los cielos que se había acercado, mediante el bautismo en agua para arrepentimiento y la fe en aquél que venía tras de él

(Mt. 3:1-12), y no mediante actos que generasen violencia. Esto es lo que ha causado hasta el día de hoy tanta división en la iglesia del Señor, y esta es la obra del engañador, la cual el apóstol Pablo advierte *(2 Ti. 3:1-17; 4:1-5)* y el apóstol Pedro confirma desde entonces *(1 P. 2:1-22)*. La creación anhela fervientemente la manifestación de los hijos de Dios *(Ro. 8:19)*; hombres y mujeres comprometidos con la paz, mediante el desarrollo de acciones por el bienestar de la humanidad. Y no es esto una actitud pasiva de evadir conflictos, sino decisiva a enfrentarlos y vencerlos, con el fin de que las personas alcancen la felicidad en todos los aspectos de la vida. Hoy puedo observar mucha división en las iglesias locales, personas heridas y llenas de rencor hacia otros hermanos. En otros casos, la lucha de poderes, quién sabe más o quién tiene más autoridad. La paz entre los hombres es parte del propósito por el cual murió Cristo *(Ef. 2)*, y parte también de la obra del Espíritu *(Gá. 5:22)*; pero también debe promoverla activamente el hombre *(Ef. 4:3)*, no simplemente como eliminación de la discordia, sino como motor de la armonía y el verdadero funcionamiento del cuerpo de Cristo *(1 Co. 14:33)*. La paz es algo que usted no encontrará en su entorno, mientras no brote de usted mismo; sí, la paz que sobrepasa a todo entendimiento es el resultado de nuestra relación con Dios *(Jn. 14:27)*. Para el pecador primero debe haber paz con Dios, y la eliminación de la enemistad producida por el pecado, por medio del sacrificio de Cristo *(Ro. 5:1; Col. 1:20)*. Entonces puede nacer la paz

interior *(Fil. 4:7)*, sin que puedan sofocarla las luchas del mundo *(Jn. 16:33)*. Usted y yo somos llamados a sembrar la paz en el mundo, no la violencia, *"¡Cuán hermosos son los pies de los que anuncian la paz, de los que anuncian buenas nuevas!" (Ro. 10:15)*; recuerde siempre, si usted es un sembrador de paz, será llamado "Hijo de Dios".

"Bienaventurados los que son perseguidos por causa de la justicia, porque de ellos es el reino de los cielos" (Mt. 5:10-12). La persecución es una acción violenta que se lleva a cabo contra la iglesia cristiana y sus miembros. En la historia son conocidas las persecuciones romanas (siglos I-IV), las de los bárbaros que comienzan con el paso del Rin por parte de los vándalos (406) que se dirigieron a la península ibérica y al África, las persas (370-379) con Sapor (o Sahpur)II, las vejaciones de los regímenes comunistas a partir de la revolución de 1917 las persecuciones durante la guerra de España (1936-1939), Y toda una serie de situaciones persecutorias que sigue registrando la iglesia en varias regiones de la tierra. Como hemos dilucidado antes, el reino de los cielos sufre violencia, y los violentos quieren acabar con él; mas esta es la obra del engañador, que no quiere que la humanidad sea salva. Jesús mismo nos advierte acerca de esto *(Mt. 13:38-39)*, Satanás está haciendo su obra de sembrador; engañando, de ser posible, aún a los escogidos para que no crean a la verdad. *"Su morada está en medio del engaño; por muy engañadores no quisieron conocerme, dice Jehová" (Jer. 9:6)*. Hay algo que es una verdad irrefutable, al

entrar usted en una relación íntima y personal con Dios, mediante el supremo sacrificio de Jesucristo en la cruz del calvario; usted ha venido a ser justicia de Dios *(2 Co. 5:21)*. Como el terreno apropiado que es su vida, Dios ha depositado en usted una semilla que crece para dar frutos de justicia; usted pertenece ahora al plantío de Dios *(Is. 61:3)*. Esto significa que todos los actos de su nueva vida están siendo regidos por Dios, a través del Espíritu Santo; y esto es algo que está en contraposición con la corriente del mundo y la influencia Satánica que éste recibe. Por eso usted encontrará que muchas de sus amistades, quizás, le den la espalda. Que personas que usted ama, se vuelvan en contra suya, y que usted perciba que su presencia le resulta molesta a otros tantos. Usted se va a sentir restringido en cierta forma y rechazado por el hecho de creerle a Dios y querer entrar en esta relación de amor. Algunas personas querrán reconvenirle para que desista de este camino, y el mal querrá seducirle a través de sus multiformes ofrecimientos *(2 P. 2:18)*. Este es el tipo de persecución más peligroso para el cristiano, pues durante mi peregrinaje por este mundo he podido ver, con tristeza, a creyentes que después de haber sido iluminados y gustaron del don celestial, y fueron partícipes de Espíritu Santo, y así mismo gustaron de la buena palabra de Dios y los poderes del siglo venidero, que recayeron. Alegando profundo conocimiento y pisoteando la sangre de Cristo *(Heb. 6:4-6)*.

Por esto, es importante subir al Monte Santo de

Dios, allí su presencia lo aclara todo; Su palabra discierne los pensamientos y las intensiones del corazón humano, develando el engaño y sacando a flote toda verdad. Usted debe tener la plena conciencia de que su vida está experimentado un cambio radical, provocando diferencias positivas en sus relaciones familiares, sociales, laborales y políticas, ya que ahora tiene un nuevo estilo de vida. Y esto, es lo que le llevará a cruzar las puertas del maravilloso reino de Dios.

Amado Dios, sé que el camino que debo seguir, no es fácil; pero, hoy confío en que Tú me ayudarás siempre y estarás incondicionalmente a mi lado, para que pueda vencer sobre toda adversidad que se levante para sacarme de el, afirmando mis pasos hacia la luz admirable de tu reino. Amén.

CAPÍTULO SEIS

El Nuevo Sacerdocio

Acercándoos a él, piedra viva, desechada ciertamente por los hombres, mas para Dios escogida y preciosa, vosotros también, como piedras vivas, sed edificados como casa espiritual y sacerdocio santo, para ofrecer sacrificios espirituales aceptables a Dios por medio de Jesucristo.

1 Pedro 2:4-5

*M*ás que el ánimo de escribir un libro que enriquezca el intelecto de quienes lo lean, el anhelo de mi corazón es que en el preciso momento de leer este libro, subir al Monte Santo de Dios se convierta en una experiencia de vida, real y tangible para usted, como lo es para mí. Y que usted, amado lector, sea libre de toda imposición religiosa para vivir la plenitud de un encuentro íntimo y personal con Jesucristo. Sé que talvez en el papel se ve más fácil de lo que resulta en la práctica; pero, quiero decirle que los hombres, generalmente, tratan de imponer pesadas cargas a los demás para mantener un pensamiento religioso, que ni siquiera ellos mismos son capaces de sobrellevar *(Lc.11:46)*. Mediante esta condición, hombres se enseñorean de sus propios consiervos, haciendo ver al cristianismo como una carga muy difícil de llevar; que sólo es para unos cuántos "abnegados y sacrificados seres", capaces de hacer grandes sacrificios para agradar a Dios. Y esta es la razón por la que se ven abundantes caras largas en toda la extensión del cuerpo de Cristo. Muchas son las personas que en todo el mundo buscan hacer cosas para agradar a Dios; es como si el sacrificio de Jesucristo en la cruz, no hubiese sido suficiente para hacerlos aceptos a la presencia de Dios. Aún en nuestro cristianismo latinoamericano se pueden notar las secuelas del "vicariato católico", desde la época de la conquista española hasta el presente, que ha causado grandes estragos al conocimiento de Dios. Y esto es observable en algunas congregaciones que se dicen cristianas, donde hombres se enseñorean de sus consiervos, ignorando lo que dicen las escrituras acerca de esta actitud *(1 Ti. 4.1-5; 2 P. 2:1-3)*. Quizás, por desconocimiento del principio de liderazgo que el mismo Señor Jesucristo enseñó a sus discípulos: *"Sabéis que los gobernantes de las naciones se enseñorean de ellas, y los que son grandes ejercen sobre ellas potestad. Mas entre vosotros no será así, sino que el que quiera hacerse grande entre vosotros será vuestro servidor, y el que quiera ser el primero entre vosotros será vuestro siervo; como el Hijo del Hombre no vino para ser servido, sino para servir, y para dar su vida en rescate por muchos"* (Mt. 20:20-28). Si bien es cierto, las escrituras nos instan a reconocer y valorar el liderazgo de la iglesia: *"Obedeced a vuestros pastores, y sujetaos a ellos; porque ellos velan por vuestras almas, como quienes han de dar cuenta; para que lo hagan con alegría, y no quejándose, porque esto no os es provechoso"* (Heb. 13:17). Lo triste es ver a personas creando una dependencia insana hacia sus líderes; y en algunos casos (personalmente lo he visto), líderes han maldecido a quienes se van de sus congregaciones por no estar de acuerdo con esto. Declarando que Dios les habló diciendo: "que aquellos que se vayan de su congregación, llevarán vidas inútiles y arruinadas". Otros, enseñan que sólo a través de extenuantes períodos de ayunos y vigilias, se puede recibir el don de Dios, la unción del Altísimo; que entre otras cosas, no tenemos que hacer nada en nuestras fuerzas para merecerlo, pues se recibe tan sólo por fe: *"¿Recibisteis el Espíritu por las obras de la ley, o por el oír con fe?" (Gá. 3:2). "Porque por gracia sois salvos por medio de la fe; y esto no de vosotros, pues es don de Dios" (Ef. 2:8).* Y otra vez dice: *"En él también vosotros, habiendo oído la palabra de verdad, el evangelio de vuestra salvación, y habiendo creído en él, fuisteis sellados con el Espíritu Santo de la promesa, que es las arras de nuestra herencia hasta la redención de la posesión adquirida, para alabanza de su gloria" (Ef. 1:13-14).* Sí, el Señor ha depositado en usted el más precioso regalo de todos, "Su Espíritu Santo" y esto le hace partícipe de un nuevo sacerdocio. Solo que, por desventura, gran parte del pueblo de Dios no ha sido orientado adecuadamente a ejercerlo. La unción está sobre su vida, *"Pero vosotros tenéis la unción del Santo, y conocéis todas las cosas" (1 Jn. 2:20),* Él selló su vida y tiene la garantía que el don de Dios permanece en usted;

"Pero la unción que vosotros recibisteis de él permanece en vosotros, y no tenéis necesidad de que nadie os enseñe; así como la unción misma os enseña todas las cosas, y es verdadera, y no es mentira, según ella os ha enseñado, permaneced en él" (1 Jn. 2:27). Lo que usted debe hacer sencillamente es llevar un estilo de vida acorde con la unción, y esto es algo de lo cual el apóstol Pablo nos habla diciendo: *"Así que, hermanos, os ruego por las misericordias de Dios, que presentéis vuestros cuerpos en sacrificio vivo, santo, agradable a Dios, que es vuestro culto racional"* *(Ro. 12:1)*. El culto racional, la adoración en Espíritu y en Verdad, sólo puede ser ministrada por un sacerdocio santo en Jesucristo.

Ahora bien, al subir al Monte Santo de Dios, usted se encuentra con una realidad irrefutable, usted es *"linaje escogido, real sacerdocio, nación santa, pueblo adquirido por Dios, para que anuncie las virtudes de aquel que le llamó de las tinieblas a su luz admirable"* *(1 P. 2:9)*. Cuando usted entra en el secreto de Dios y ve claramente todo lo que Dios es; y toma clara conciencia de lo que usted es en Cristo Jesús, cambia radicalmente todo el panorama de su servicio a Él. Pues sólo en Jesucristo, usted puede ejercer un sacerdocio santo para ofrecer sacrificios aceptables a Dios. Y estos sacrificios no constituyen una extensión de los modelos veterotestamentarios de culto, Jesús ha sido señalado por Dios *(Heb. 5:5-10)* para ser el nuevo y verdadero sumo sacerdote que por fin puede resolver la cuestión del pecado del hombre. Su sacerdocio que sobrepasa al de Aarón *(Heb. 7:11)* y que se remonta al de Melquisedec *(Heb. 7:15-17)*, contiene la perfección faltante en el antiguo sistema de sacrificios *(Heb. 7:18)*: 1. Está basado en el juramento mismo de Dios *(Heb. 7:20-22)*; 2. Es permanente porque está centrado en el Cristo eterno *(Heb. 7:23-25)*; 3. Participa de la perfección de Cristo, que no tenía necesidad de ser purgado de pecado, como era el caso con los hijos de Aarón *(Heb. 7:26-28)*. 4. Continúa en los cielos, donde Dios mismo ha erigido el verdadero santuario del que la tienda de Moisés no era más que "figura y sombra" *(Heb. 8:1-7)*; 5. Es el cumplimiento de la promesa de Dios de un pacto nuevo *(Heb. 8:8-13)*; por lo tanto, es el acceso pleno y permanente a Dios para todos los cristianos y no solamente para el orden de una minoría que hace votos religiosos. De allí que las personas excluyentes, que pretenden acercarse a Dios mediante multitud de sacrificios para agradarle, tan sólo incurren en una práctica religiosa ineficaz. El nuevo sacerdocio en Jesucristo, que es conforme al de Melquisedec *(Gn. 14:18)*, sin genealogías *(gr. ἀγενεαλόγητος = agenealógetos, no inscrito al nacer)*, no del orden Levítico; ni con los límites de las fronteras nacionalistas, que se parecen mucho a las de denominación religiosa. El nuevo sacerdocio en Jesucristo, según el orden de Melquisedec, es universal y trasciende más allá del culto religioso a la adoración pura del Dios Altísimo (אֵל עֶלְיוֹן = *el elión*). Un sacerdote levítico sirvió de los 25 a los 50 años. No importando su fidelidad, no podía servir más de 25 años. En una forma colectiva era temporal.

Comenzó en el desierto y terminó cuando el templo fue destruido en el año 70 d.C. Era para el pacto antiguo y no para el pacto nuevo. El nuevo sacerdocio en Jesucristo es intemporal, va más allá del espacio y del tiempo a una vida imperecedera de servicio a Dios *(1Jn. 3:2; Ap. 22:3-4)*. Esto es lo que los religiosos no comprenden y no pueden porque sus conciencias aún requieren el legalismo de sus sacrificios para experimentar un alivio emocional, al creer que sus obras hacen méritos ante Dios. Alrededor del mundo vemos a personas tratando de purgar sus faltas, o conseguir una respuesta de Dios a través de diferentes prácticas; tales como flagelarse a sí mismos, repetir durante determinado tiempo una oración escrita, enviarle la misma oración a cierta cantidad de personas, los amuletos, los ayunos prolongados, las ofrendas económicas, etc.

Jesús dijo: *"Vayan y aprendan lo que significa: Misericordia quiero, y no sacrificio. Porque no he venido para llamar a justos, sino a pecadores, al arrepentimiento"* *(Mt. 9: 13)*. Un genuino arrepentimiento ha de llevar a cada "nueva criatura" en Cristo, a vivir un estilo de vida que difiere de los viejos rudimentos de la religión *(Ef. 4:17-32)*. La belleza de la vida cristiana que nos enseñaron aquellos hombres y mujeres de fe que vivieron en siglos pasados, en medio de penurias y persecuciones, dista mucho de las grandilocuentes palabras con que se levantan hoy a testificar los "hijos de Dios", en contraposición con su estilo de vida. No es necesario señalar a nadie, los periódicos, la televisión y la prensa en general, dan testimonio de esto. Y es esto, en gran parte de los casos, lo que tristemente contribuye a que muchas personas rechacen el ofrecimiento de Dios en Cristo Jesús. Quizás usted mismo es testigo de personas a su alrededor, que adoptan una vida de privación y aflicción para agradar a Dios, y esto bajo una perspectiva netamente ritual, porque piensan que el sufrimiento penitente hace méritos de salvación; desconociendo el verdadero propósito y la gran bendición que implica conocer el sacerdocio de Jesús, del cual somos copartícipes como herederos del reino (*1 Pedro 2:5*). Estas personas conducen sus vidas, bajo rigurosos paradigmas que condicionan su comportamiento, sin llevarlos a experimentar la genuina transformación del ser. Tal como lo dice el apóstol Pablo: *"Pues si habéis muerto con Cristo en cuanto a los rudimentos del mundo, ¿por qué, como si vivieseis en el mundo, os sometéis a preceptos tales como: No manejes, ni gustes, ni aun toques (en conformidad a mandamientos y doctrinas de hombres), cosas que todas se destruyen con el uso? Tales cosas tienen a la verdad cierta reputación de sabiduría en culto voluntario, en humildad y en duro trato del cuerpo; pero no tienen valor alguno contra los apetitos de la carne"* (*Col. 2:20-23*). Sí, generalmente se ve a éstas personas luchando una gran batalla contra los enemigos naturales y sobrenaturales del cristiano que son: el mundo, la carne y Satanás; pero, sin mayores resultados. Sólo una apertura de la conciencia al ejercicio de un sacerdocio santo en Jesucristo, puede llevar al creyente a vencer sobre tales enemigos. Y esto no añade carga alguna, porque es el yugo de Cristo, fácil y ligero *(Mt. 11:27-30)*.

Ahora usted debe tener una clara conciencia de que forma parte de un pueblo llamado a reinar y ejercer el sacerdocio al mismo tiempo *(1 Pedro 2:9)*; y que sus sacrificios van más allá de la esfera material al ámbito espiritual, ejerciendo un impacto en todas las áreas de su vida. Y cuando hablo de sacrificios, hago alusión a la integridad de su vida como una ofrenda a Dios, en su intelecto, sus emociones y su voluntad *(Ro. 12:1)*. En este punto es cuando llega la frustración a muchas personas que quieren reinar, pero en ningún momento ejercer el sacerdocio; y el resultado de esto lo corrobora el apóstol Pablo cuando dice: *"Todas las cosas son puras para los puros, mas para los corrompidos e incrédulos nada les es puro; pues hasta su mente y su conciencia están corrompidas. Profesan conocer a Dios, pero con los hechos lo niegan, siendo abominables y rebeldes, reprobados en cuanto a toda buena obra"* *(Tit. 1:15-16)*. Hoy se enseña, en algunos lugares, el llevar una pesada carga para ser prosperados materialmente; pero, poco de afrontar la aspiración a una buena conciencia en Cristo Jesús. Y en esto se ha llegado a una gran comodidad, puesto que para gran parte de la iglesia el poseer esta tierra y sus riquezas, se ha convertido en el blanco de su fe; una tierra con un orden de cosas a punto de perecer, mientras la creación anhela fervientemente la manifestación de los hijos de Dios..."*Pero nosotros esperamos, según sus promesas, cielos nuevos y tierra nueva, en los cuales mora la justicia. Por lo cual, oh amados, estando en espera de estas cosas, procurad con diligencia ser hallados por él sin mancha e irreprensibles, en paz. Y tened entendido que la paciencia de nuestro Señor es para salvación; como también nuestro amado hermano Pablo, según la sabiduría que le ha sido dada, os ha escrito, casi en todas sus epístolas, hablando en ellas de estas cosas; entre las cuales hay algunas difíciles de entender, las cuales los indoctos e inconstantes tuercen, como también las otras Escrituras, para su propia perdición. Así que vosotros, oh amados, sabiéndolo de antemano, guardaos, no sea que arrastrados por el error de los inicuos, caigáis de vuestra firmeza. Antes bien, creced en la gracia y el conocimiento de nuestro Señor y Salvador Jesucristo. A él sea gloria ahora y hasta el día de la eternidad. Amén" (2 P. 3:13-18).*

En el sentido común de la palabra, sacerdocio indica una función específica y esencial que siempre ha existido en la historia de las religiones para vincular al hombre con la divinidad y a ésta con el hombre: han desempeñado esta función unas personas o unas castas escogidas para ello, porque se las consideraba en posesión de unas dotes o poderes particulares. Las funciones de los sacerdotes eran sobre todo de tipo cultual, dirigidas a asegurar un servicio sacrificial en determinados lugares sagrados (plantas; piedras) o santuarios. El judaísmo tenía sacerdotes, descendientes de Aarón, pertenecientes a la tribu de Leví y llamados por eso mismo "levitas". Tenían como jefe a un sumo sacerdote. Pero en Éxodo 19:6, es todo el pueblo de Israel el que queda situado en una relación particular con Dios, como una gran "corporación sacerdotal". Israel es un "reino de sacerdotes". (מַמְלֶכֶת כֹּהֲנִ = *mamléket kohanim*). Este atributo sirve para significar que el pueblo santo de Israel, que tiene a Dios por rey, está compuesto de sacerdotes. Gracias a la alianza, todos los israelitas están consagrados a Dios, y por este título tienen derecho a acercarse a él para rendirle el culto debido. Pero aquí no se entiende "sacerdotes" en el sentido riguroso de la palabra, ya que fueron los levitas los que estuvieron consagrados de manera especial para el culto sacerdotal. Israel se convierte en "reino de sacerdotes" en el momento en que es llamado por Dios, y acepta y jura ser su pueblo. Por eso, respecto a los demás pueblos, el pueblo hebreo goza de una evidente superioridad, que puede compararse a la que dentro de él gozaban el rey y la clase sacerdotal, sujetos igualmente de una relación particular con Dios. El papel de los levitas como ministros del tabernáculo, que se detalla claramente en el libro de Números, se anticipa en Éxodo 38:21, donde colaboran con la construcción del tabernáculo bajo la supervisión del hijo de Aarón, Itamar. En las leyes preparatorias de la marcha por el desierto, Leví fue separada de las tribus por Dios y puesta a cargo del desmantelamiento, transporte, y erección del tabernáculo *(Nm. 1:47-54)*. Los hijos de Leví acampaban alrededor del tabernáculo y aparentemente servían como amortiguadores para proteger a las otras tribus de la ira de Dios, ira que las amenazaba si impensadamente entraban en contacto con la tienda sagrada o su mobiliario *(Nm. 1:51-53; 2:17)*. Los levitas tenían prohibido servir como sacerdotes, privilegio reservado, bajo pena de muerte, para los hijos de Aarón *(Nm. 3:10)*; pero estaban dedicados a un ministerio auxiliar para los sacerdotes, especialmente con las tareas manuales de cuidar el tabernáculo *(Nm. 3:5ss)*. Además, realizaban un importante servicio para las otras tribus haciendo de sustitutos para el primogénito de cada familia, al que Dios tenía derecho en vista del hecho de que perdonó a los primogénitos de Israel durante la celebración de la pascua en Egipto *(Ex. 13:2ss, 13)*. Como representantes de los primogénitos de las tribus *(Nm. 3:40ss)* los levitas formaban parte del "trascendente principio de la representación" por el que se dio vigencia al concepto de un pueblo totalmente de Dios y enteramente rendido a Él.

Como cuerpo de Cristo y como la nueva Israel *(Ex. 19:6)*, la iglesia ha sido ungida para cumplir un sacerdocio en el mundo: un servicio mediatorio que declara la voluntad de Dios para la humanidad y presenta las necesidades humanas ante el trono de Dios en oración. Pedro menciona dos deberes relacionados entre sí que corresponden a dicho sacerdocio: 1. "Ofrecer sacrificios espirituales aceptables a Dios por medio de Jesucristo" *(1 P. 2:5)*, es decir, adorar a Dios y cumplir Su amorosa voluntad; 2. Anunciar "las virtudes de aquel que os llamó de las tinieblas a su luz admirable", es decir, dar testimonio de Su obra salvífica en el mundo *(1 P. 2:9)*.

El "real sacerdocio" de Pedro se retoma y se amplifica en Apocalipsis, donde a la amada y perdonada iglesia se la llama "reino de sacerdotes para su Dios y Padre" *(Ap. 1:6; 5:10; 20:6)*. Esta función real no sólo comprende la obediencia a Cristo "el soberano de los reyes de la tierra" *(Ap. 1:5)*, sino también la participación en Su gobierno de los demás: *"y reinaremos sobre la tierra" (Ap. 5:10; 20:6)*. El sacerdocio de la iglesia que nos presenta el Nuevo Testamento es de carácter corporativo: a ningún ministro o dirigente individual se le llama "sacerdote". Esto es algo que apareció y se encaminó rápidamente en esa dirección en escritos posapostólicos tales como Clemente *(95-96 d.C.)*, la Didagé, Tertuliano e Hipólito, quienes parecían haber sido pioneros en el uso de los títulos "sacerdote" y "sumo sacerdote" para los ministros cristianos *(cerca al 200 d.C.)*. Sólo a través de la unión al supremo sacerdote (Jesucristo), el creyente puede adorar a Dios en Espíritu y en verdad *(Juan 4:22-24)*. Lo que quiere decir que ahora las ofrendas y sacrificios no están subordinados a la mediación de ningún "sacerdote" sujeto a pasiones y debilidades; sino a una relación intima y personal con Cristo (el Sumo sacerdote *Heb 7:26*), quien es el mediador entre Dios y los hombres *(1 Ti. 2:5)*. Así que, como casa espiritual y sacerdocio santo, usted tiene la responsabilidad de ofrecer sacrificios espirituales aceptables a Dios por medio de Jesucristo. Usted no cuenta con méritos personales, como para ofrecer a Dios algo como suyo en calidad inmaculada y perfecta; usted cuenta con la presencia del Espíritu

Santo en su vida para ejercer el sacerdocio al que le ha llamado el Señor *(Ro. 8:26-27)*. Y la bendición resultante de esto no viene por Ley o culto religioso, sino por amor. Porque Dios ama al dador alegre (*2 Corinitos 9:7*); no sólo en el aspecto de las ofrendas en dinero, pues esto es fácil para muchos, como lo enseñan en algún lugar de este mundo: "dar para recibir el doble", y por lo cual a muchos les es más fácil pactar dinero para recibir una bendición, antes que hacer una entrega genuina de su mente, sus emociones y su voluntad a Dios. Lo que realmente cuesta es vivir y manifestar al mundo el cumplimiento del primer y gran mandamiento, *"Jesús le dijo: Amarás al Señor tu Dios con todo tu corazón, y con toda tu alma, y con toda tu mente. Este es el primero y el grande mandamiento"* (Mt. 22:37-38); una genuina entrega del intelecto, las emociones y la voluntad en adoración al Dios de los cielos. Pero, aún el cumplimiento del primer y gran mandamiento resulta imperfecto, sino va acompañado del segundo, *"Y el segundo es semejante: Amarás a tu prójimo como a ti mismo"* (Mt. 22:39). Jesús mismo lo dijo, de estos dos mandamientos depende toda la ley y los profetas *(Mt. 22.40)*; lo que implica que nuestro sacerdocio no consiste en ceremonias de culto y sacrificios tan sólo de una actitud religiosa, sino en un estilo de vida que testifique a Cristo *(1 Jn. 5:1-5)*. Y el amor que procede de Dios, su Ágape (*del lat. agăpe, y este del gr. ἀγάπη*), el más sublime afecto que jamás nadie experimentó en este mundo, es un banquete continuo de protección y bendición.

El resultado de participar de este maravilloso sacerdocio es una fuente inagotable de bendición, representado en los siguientes aspectos de su relación con Dios: 1. *La restauración de toda su vida como templo de Dios.* El lugar que Dios creó para habitar y manifestarse al mundo: *"¿O ignoráis que vuestro cuerpo es templo del Espíritu Santo, el cual está en vosotros, el cual tenéis de Dios, y que no sois vuestros? Porque habéis sido comprados por precio; glorificad, pues, a Dios en vuestro cuerpo y en vuestro espíritu, los cuales son de Dios"* (1 Co. 6:19-20). Este conocimiento le lleva a mantener una actitud constante ante Dios para presentarse como "obrero que no tiene nada de qué avergonzarse y que usa bien la palabra de verdad" *(2 Tim. 2:15)*. Este estado de conciencia le lleva al buen uso de la palabra; es decir, lo que usted comparte o enseña a otros de Dios, por la palabra de Dios, es consecuente con su estilo de vida. Usted es un testimonio vivo de Cristo, la palabra hecha vida en cada aspecto de su existencia. Todo lo que Dios ha hecho de usted, como nueva criatura en Cristo, es para honrarlo. Los miembros de su cuerpo, sus sentidos; todo lo que usted es, espíritu, cuerpo y alma, ahora tienen una función extraordinaria: "Glorificar al Dios de los cielos" *(Ef. 2:19-22)*. Esto es algo que hará la diferencia en el mundo presente, el Señor necesita adoradores en Espíritu y en verdad; hombres y mujeres que tengan una buena conciencia como templo de Su Espíritu Santo, que sepan cómo ser instrumentos limpios y santificados para Dios *(2 Tim. 2:20-21)*. Cuando usted se une al Señor, se hace un sólo espíritu con él *(1 Co. 6:17)*; es decir, usted se ha hecho uno con el tabernáculo de Dios, Jesucristo: *"Y la Palabra se hizo carne, puso su tienda entre nosotros, y hemos visto su Gloria: la Gloria que recibe del Padre el Hijo único; en él todo era don amoroso y verdad".* (Jn 1:14, B. L. 1995). Este es el cumplimiento de la promesa de Dios, la cual encontramos en Juan 14:23, usted ha sido adquirido por Dios, para hacer de usted un templo santo donde Él puede habitar. 2. *La santificación de su vida en la verdad.* Ser santificado o consagrado significa pertenecer completamente a Dios y quedar destinado a su servicio *(Ex 13.2; 28.41; Jn 10.36).* Esta es la petición de Jesús al Padre, en su oración: *"Santifícalos en tu verdad; tu palabra es verdad"* (Jn. 17:17). La declaración de Jesús en el contexto del capítulo 17 del evangelio según san Juan, es que al estar unidos a Él ya no pertenecemos a este mundo y la razón es que somos uno con el Señor *(Jn. 17:21).* El anhelo de Dios es que la iglesia en Él, sea una unidad perfecta; pero, esto es algo que no se logra de la noche a la mañana. El Espíritu Santo es quien lleva a cabo la santificación del hombre, pero obra por medio de la palabra de verdad y la oración de fe, y mediante la comunión de los creyentes *(Ef. 5:26)* en la medida en que se prueban a sí mismos a la luz del ideal del amor del Espíritu y del indispensable ingrediente de la santidad *(Heb. 12:14).* El significado de la santificación es relacionado también por el apóstol Pablo con la transformación moral y espiritual del creyente justificado a quien Dios regenera y da nueva vida. La voluntad de Dios es nuestra santificación *(1 Ts. 4:3),* y ser enteramente santificados es ser conformados a la imagen de Cristo y de esta manera comprobar por experiencia lo que es tener la imagen de Dios. Cristo es el contenido y la norma de la vida santificada: es su vida de resurrección la que se reproduce en el creyente a medida que va creciendo en la gracia y refleja la gloria de su Señor. En esta experiencia progresiva de liberación de la letra de la ley, el espíritu del hombre es liberado por el Espíritu del Señor. Así que, la verdad de Dios, Su palabra, le hará libre en tanto usted la escudriñe y la mantenga viva en todo su ser *(Jn. 5:39; 8:31-32)*; de otra manera, lo que puede ocurrir en su vida es lo que muy inspiradamente dice el Dr. Charles Stanley en su libro "Un Toque de Su Libertad": *"Los mandamientos bíblicos, sin el pensamiento bíblico, dan por resultado una obediencia a corto plazo y una frustración a largo plazo"*. 3. *La creación de una nueva conciencia en Cristo*. Al entrar en una relación íntima y personal con Cristo, usted se ha acercado al Monte Santo de Dios *(Heb. 12:18-24)*; el lugar donde Dios mismo quita el velo que le impide ver la realidad espiritual del mundo *(Is. 25:7)*, ya que Él mismo ha provisto el lugar por donde usted puede entrar a Su presencia *(Heb 10:19-20)*, esa realidad que el mundo no puede percibir. Pero, que Él ha preparado para usted, con mucha paciencia a la espera de que un día usted mismo tomase la decisión de cruzar el umbral hacia una nueva experiencia de amor y revelación *(1 Co. 2:9-10)*. El término "conciencia" (συνείδησις = *syneidêsis, yo se juntamente con)* se usa en teología moral para designar la sede última de la naturaleza ética de los actos humanos, tuvo un amplio desarrollo en la cultura grecorromana, pero aparece también con frecuencia en las cartas de Pablo, donde apela a la exigencia de un principio interior como criterio de discernimiento del obrar. Como también en la carta a los hebreos y 1 Pedro y dos discursos paulinos en Hechos 23:1 y 24:16. Esta exigencia, por lo demás, está ampliamente presente en el Antiguo Testamento y Cristo insiste profundamente en ella en su predicación. Los profetas recuerdan a menudo la importancia de la actitud interior de donde brota la acción, mientras que Jesús insiste en el hecho de que lo que contamina al hombre no es lo que entra en él, sino lo que sale de él. Los términos "corazón" y "espíritu", con los que se indica la capa más profunda de la personalidad del hombre, encuentran su más perfecta correspondencia, en la edad moderna, en la realidad de la conciencia. Así pues, la conciencia es el yo captado en sus últimas dimensiones: es el lugar donde el hombre se "auto conoce" (*authō syneidenai = conocimiento de uno mismo*) y decide de sí mismo. Es, por tanto, una realidad unitaria; más aún, es el centro de unificación de la persona. Pero esta unidad no es un dato inmediato, sino el resultado de un proceso fatigoso de unificación. Efectivamente, la conciencia es una realidad compleja, constituida por la presencia simultánea de diversos factores, que no son fácilmente homologables. En ella confluyen los mecanismos instintivos y los dinamismos psicológicos del inconsciente: con ella se relacionan los elementos de racionalidad y voluntariedad propios del ser humano; sobre ella ejerce su influencia la gracia como fruto de la "vida nueva", que es don del

Espíritu. Esto da razón de la necesidad de una continua formación (y autoformación) de la conciencia, si no se quiere acabar en manos de unas fuerzas de disgregación, que determinan la ruptura de la persona. La acogida del Espíritu como principio orientador de las opciones del hombre presupone la moderación de los impulsos pasionales y la apertura de la razón y de la voluntad a la fuerza fecundante de una intervención de lo alto. No se trata de reprimir lo que pertenece a las capas inferiores de la personalidad humana, sino de asumir una forma de ascesis que recoja las diversas virtudes del yo y las canalice hacia la plena realización de sí mismo. La unidad original de la conciencia recibe su más profunda verdad del esfuerzo del hombre por poner sus potencialidades humanas al servicio de un proyecto que lo trasciende y - hacia el que se siente llamado. Sin embargo, es posible que la conciencia del hombre (aquella facultad por la cual percibe las demandas morales de Dios, y por la que se siente dolor cuando no logra cumplirlas) no esté adecuadamente disciplinada, llegue a debilitarse, y aún a corromperse *(1 Co. 8:7-12 y Tit. 1:15)*, lo que fatalmente le conduce a tener una mente cauterizada e insensible *(1 Ti. 4.2)*. Por lo tanto la bendición resultante de acercarse al Monte Santo de Dios, es que allí su conciencia es debidamente enseñada, más aún, "informada", por el Espíritu Santo. 4. *Un testimonio de conciencia en la verdad.* Este beneficio que proviene de la aspiración de una buena conciencia en Cristo *(1 P. 3:16)*; le va a permitir dar un genuino testimonio de Cristo, no sólo de labios, sino en hechos concretos como el resultado de que la verdad habita en usted. Manifestándose al mundo como un obrero de Cristo, que no tiene nada de qué avergonzarse, y que usa bien la palabra de verdad: "*Antes bien renunciamos a lo oculto y vergonzoso, no andando con astucia, ni adulterando la palabra de Dios, sino por la manifestación de la verdad recomendándonos a toda conciencia humana delante de Dios*" *(2 Co. 4:2)*. Es triste enterarse que los testimonios de algunas personas no son reales, no podemos pretender ganarnos al mundo con mentiras. Satanás es padre de la mentira *(Jn. 8:44)*, y de suyo habla cuando la palabra de Dios es adulterada, por quienes en este afán buscan llenar sus congregaciones. Pero, usted ha recibido la buena semilla y en tanto permita que ella crezca en su corazón, dará fruto a su debido tiempo, y fruto que para vida eterna permanece *(Ef. 4:22-25)*. 5. *Una genuina adoración a Dios en Espíritu y en verdad.* Sí, cuando usted cobra conciencia de su identidad en Cristo Jesús, es cuando empieza una vida de adoración genuina al Dios eterno de gloria. Al estar en la constante presencia de Dios, usted puede comprender por qué cada acto de su vida debe glorificar a Dios: "*Tributad a Jehová, oh hijos de los poderosos, Dad a Jehová la gloria y el poder. Dad a Jehová la gloria debida a su nombre; Adorad a Jehová en la hermosura de la santidad*" *(Sal. 29:1-2)*. No es la gloria humana la que debe exaltarse en la manifestación de las obras de la iglesia, si no la revelación del carácter y la presencia de Dios en la persona y obra de Jesucristo; Él es la manifestación de la gloria divina (heb. כָּבוֹד = *kãbôd*; gr. δόξα = *doxa*), por lo que en todo debe tener la preeminencia *(Col. 1:15-18)*. Lo desconcertante, es ver a hombres y mujeres por todo el mundo, testificando y hablando más de "sus proezas y logros personales", antes que dar la gloria debida a Su nombre, que es nombre sobre todo nombre *(Fil. 2:9)*. Subir al Monte Santo de Dios, significa entrar en la presencia gloriosa de Dios, revelada en Jesucristo. Una revelación constante de lo que Él es y lo que no es. Lo que Él es, lo podemos abrazar mediante el reconocimiento de Su santidad, Su majestad y Su luz admirable. *Grande es Jehová, y digno de ser en gran manera alabado En la ciudad de nuestro Dios, en su monte santo (Sal. 48:1).* Él habita en luz inaccesible *(1 Ti. 6:16)*, un sólo toque de Su presencia nos muestra todo lo que somos y lo que no somos; revela que no somos tan altos como pretendemos, ni tan pequeños como nos creemos la mayoría de las veces. Y también en su presencia nos damos cuenta de lo que Él no es; *"Dios no es un hombre, para mentir, ni hijo de hombre, para volverse atrás"* *(Nm. 23:19)*. En Él no hay ningunas tinieblas *(1 Jn. 1:5)*, y por lo tanto el mal no procede de Él. Por esto, cuando usted está delante de su presencia no podrá hacer otra cosa que glorificarlo, rindiendo todo su ser en adoración. Pues Él es el Dios todo poderoso, rey del universo y que está por encima de todos los cielos; el que es santo, santo, santo; el que está sentado en el trono y vive por los siglos de los siglos. A Él, la plena verdad que sustenta el universo, usted tiene el mayor de los privilegios de llamarlo Padre y de conocerlo en una dimensión donde podrá adorarlo en Espíritu y en verdad.

Señor mío y Dios mío, mi anhelo ferviente es que cada día yo pueda manifestar al mundo un genuino testimonio de conciencia en la verdad, y servirte mediante el ejercicio del real sacerdocio al que me has llamado a participar por tu gracia y misericordia. Amén.

CAPÍTULO SIETE

Los Tesoros Ocultos en el Monte Santo

No os hagáis tesoros en la tierra, donde la polilla y el orín corrompen, y donde ladrones minan y hurtan; sino haceos tesoros en el cielo, donde ni la polilla ni el orín corrompen, y donde ladrones no minan ni hurtan. Porque donde esté vuestro tesoro, allí estará también vuestro corazón.

Mateo 6:19-21

$\mathcal{S}$ubir al Monte Santo de Dios, significa adentrarse en un trato de carácter amoroso de parte de Dios hacia nosotros. Cada paso que uno da en la vida, tomado de Su mano, es una fuente de constante aprendizaje, y uno debe tener la disposición de un niño para aprender. Jesús dijo: *"De cierto os digo, que si no os volvéis y os hacéis como niños, no entraréis en el reino de los cielos". (Mt.18:3).* Esto es algo que en un principio nos cuesta comprender, y para muchos resulta inadmisible el tener que renunciar a su propio razonamiento y sabiduría para acercarse a Dios; pero, como ya lo hemos visto, es necesario rendir el intelecto, las emociones y la voluntad para conocerle. Puesto que la sabiduría humana no conduce al conocimiento de Dios *(1 Co. 1:21)*, es necesario nacer de nuevo por la palabra de Dios, el evangelio del reino, que es la semilla incorruptible *(1 P. 1:23)*. Esta triple entrega resulta en la apertura a una nueva conciencia, nos hace sensibles a la verdad de Dios; y es así como empezamos a vivir y respirar la sabiduría que Dios predestinó desde antes de los siglos para nuestra gloria *(1 Co. 2:6-7)*. Una sabiduría que excede a todos los descubrimientos científicos y planteamientos filosóficos de este mundo. Este es el principio para comprender la vida y vivirla plenamente, acercarse a Dios con un corazón dispuesto a ser enseñado por Él *(Pr. 1:7)*. Esto es algo que he podido experimentar personalmente, y que se ha ido acrecentando con el paso de los años. Cada experiencia de mi vida trae tanta enseñanza, que aún en las noches me enseña mí conciencia; y no puedo más que agradecer a Dios por el don de la vida, pues he aprendido a valorarla a cada segundo de mi existencia, pues he descubierto que cada instante en este planeta es un verdadero tesoro para mi crecimiento en Cristo, como coheredero del reino de Dios. Ahora procuro dormir menos horas para empezar más temprano cada día la maravillosa y trascendente experiencia de la vida junto al Señor. Esto me ha llevado a comprender la experiencia de aquellos hombres que tuvieron un encuentro íntimo y personal con Dios en el contexto bíblico, como el rey David, quien en medio de persecuciones y grandes dificultades pudo adorar a Dios en espíritu y en verdad, pues él mantuvo abierto todo su corazón, toda su mente y toda su alma a una relación constante de amor con aquel de quien procede la sabiduría eterna que puede transformarnos *(Sal. 16:7)*.

La mayoría de las personas viven todos los días sin percatarse de la presencia de Dios, y hay quienes consideran todos los días iguales *(Ro.14:5)*, levantándose temprano para llevar una vida rutinaria y monótona. Se levantan, oran y piden perdón por sus pecados; luego, entregan el día en sus manos y salen a las labores cotidianas, pero nada más. Estas personas viven a la puerta de las más grandes bendiciones, sin abrazar nada más que los sueños y los anhelos de una experiencia poderosa con el Señor.

Hace algún tiempo mi familia y yo decidimos cambiarnos de vecindario, encontramos una casa que nos brindó la comodidad y la intimidad para establecer nuestro hogar. Fue allí cuando conocí a un joven que dormía en la acera de enfrente, lleno de mugre y sobre periódicos que se envolvía en una manta durante el día, y en las noches se la pasaba despierto sin moverse del mismo lugar. Las personas vecinas a su casa lo alimentaban y le prodigaban cuidados como a uno de su familia, mas lo sorprendente de esto es que aquel joven hombre es el dueño de aquella casa, de la cual tan sólo puede dormir a sus puertas. Allí tiene un lugar dónde dormir, y en las noches frías de invierno, el tibio abrigo de unas sábanas. Además, cuenta con espacios amoblados y todas las comodidades modernas que le permitan tener cierto estilo de vida, y lo más preciado, en ese mismo lugar tiene a su pequeña hija y una familia que le puede brindar apoyo. Lo triste de su historia es que aunque es dueño de todo y puede disfrutarlo cuando quiera, pasa los días y las noches, aún en invierno, acostado en la calle junto a su puerta. Resulta inquietante, el ver cómo nuestras decisiones pueden conducirnos en diferentes direcciones, hacia el éxito o el fracaso en la vida. Toma tan sólo un segundo para decidir el camino a seguir; pero en muchos casos, quizás, toda una vida para emprender el regreso hacia el camino correcto. *"Así dijo Jehová: Paraos en los caminos, y mirad, y preguntad por las sendas antiguas, cuál sea el buen camino, y andad por él, y hallaréis descanso para vuestra alma (Jer. 6:16)*, esta es la exhortación que nos hace el Señor ante un mundo que nos ofrece diversidad de caminos, y en los cuales a una mayoría les parece que Él es el guía, mas sin discernir que no lo es. Quizás porque hay una humanidad absorta con los ofrecimientos de este mundo: fama, riquezas, poder, lujuria, vanidad y más vanidad. Y entre los cuales gran parte de los "hijos de Dios", aún no saben distinguir el correcto, relacionando todas estas cosas perecederas con las bendiciones de Dios. Parece como si las cosas celestiales por venir, las cuales nos anuncia el propio verbo de Dios, Jesucristo, tuvieran oídos sordos en este mundo. No que las posesiones materiales carezcan de importancia para nuestra vida en este mundo, ni que sean algo vedado para los hijos de Dios, por lo que tengamos que vivir resignados a la escasez y al sufrimiento. No es esto lo que nos enseña la Biblia. Lo que nos enseña la palabra de Dios, es que los problemas del hombre no provienen de lo externo sino de su propio corazón. Quizás porque es en el corazón donde nace la "codicia" o "avaricia", y todos aquellos males que embargan a la humanidad en un estado de dolor e incertidumbre, Jesús trata profusamente el tema: *"Porque del corazón salen los malos pensamientos, los homicidios, los adulterios, las fornicaciones, los hurtos, los falsos testimonios, las blasfemias" (Mt. 15:19).* El corazón (heb. לֵב = *lêb* o *lêbāb;* gr. καρδία = *kardia*), como lo conciben desde la antigüedad los hebreos, al considerar la experiencia subjetiva más bien que la observación objetiva y científica, y de este modo evitando el error moderno de la hiperdepartamentalización, se trata esencialmente del hombre completo, con todos sus atributos, físicos, intelectuales, y psicológicos; en el cual pensaba y del cual hablaba el hebreo. El corazón es el centro que lo gobierna todo *(Pr. 4:23).* El carácter, la personalidad, la voluntad, la mente, son términos modernos que reflejan todos algo del significado del término "corazón" en su uso bíblico; por ende es el lugar donde trabaja Dios en la humanidad: *"Dame, hijo mío, tu corazón, Y miren tus ojos por mis caminos" (Pr. 23:26).* Así que, el corazón es el lugar del hombre que sólo Dios puede ver con claridad *(Pr. 20:27),* es el lugar donde se alberga la verdad que el mundo no conoce de cada uno de nosotros; aquellas cosas que son un tesoro insondable, y que a veces nos cuesta a nosotros mismos ver con claridad *(Jer. 17:9).* Por esto, los hebreos consideraban que el alma estaba llena de vigorosos deseos que lo urgían a extender su influencia hacia otras personas y cosas. El deseo de las posesiones del prójimo (heb. חָמַד = *Hãmad*), el deseo de ganancias deshonestas (heb. בֶּצַע = *betsa'*), y el deseo egoísta (heb. אָוָה = *'ãwâ*), se traducen en la Biblia como "codicia" o "avaricia". El gr. ἐπιθυμία = *epithymia* expresa cualquier deseo intenso que, si se orienta al mal, puede concentrarse en el dinero, como se trata en varios pasajes del Nuevo Testamento *(Hch. 20:33; 1 Ti. 6:9; Ro. 7:7)*. Y no sólo con referencia al dinero, sino de todas aquellas actitudes que llevan al hombre por el camino espinoso de la codicia. Otro término utilizado para esto es el gr. πλεονεξία = *pleonexia*, que generalmente expresa una despiadada agresividad *(2 Co. 2:11; 7:2)*, que se aplica a las posesiones: *"Mirad, y guardaos de toda avaricia; porque la vida del hombre no consiste en la abundancia de los bienes que posee"* (Lc. 12:15); y que es repudiada por nuestro Señor Jesucristo: *"Porque de dentro, del corazón de los hombres, salen los malos pensamientos, los adulterios, las fornicaciones, los homicidios, los hurtos, las avaricias, las maldades, el engaño, la lascivia, la envidia, la maledicencia, la soberbia, la insensatez"* *(Mr. 7:21-22)*. Encontramos esta palabra en asocio con inmoralidad en la lista de vicios *(Ef. 4:19)*, y, siendo en esencia un culto a uno mismo, se caracteriza en Ef. 5:5 y Col. 3:5 como la manifestación suprema de la idolatría.

Ahora bien, conociendo esto, en el contexto del capítulo 6 del evangelio de Mateo podemos entender que Jesús no hace referencia a la codicia, únicamente en relación con las posesiones materiales, sino que se refiere a esta como la actitud que lleva al hombre a perder de vista el propósito de tres aspectos fundamentales de la fe: la piedad, la oración y el ayuno. Donde el lugar donde fijamos nuestra atención, se vuelve el centro de nuestra vida: *"Porque donde esté vuestro tesoro, allí estará también vuestro corazón"* (Mt. 6:18). ¿Se da cuenta usted, cuán amplio puede llegar a ser el tesoro del corazón de la humanidad en este sentido? En el A. T. la palabra hebrea גְּנַז = *genaz*, se traduce como "las cosas secretas" *(Esd. 6:1)* y מַטְמוֹן = *matmõn*, como "un almacén secreto" *(Gn. 43:23)*. En el Nuevo Testamento, θησαυρός = *Thêsauros* lit., "un depósito", se usa de manera general de tesoros, tanto en sentido literal como en sentido figurado. Cuántas cosas puede albergar una persona en su corazón, las cuales se convierten en un verdadero tesoro, y del cual echa mano para responder a los diferentes estímulos del mundo. *"El hombre bueno, del buen tesoro del corazón saca buenas cosas; y el hombre malo, del mal tesoro saca malas cosas"* (Mt. 12:35). Es el lugar donde esté su tesoro, el lugar donde enfoque su corazón lo que hará la diferencia para trascender en el conocimiento de Dios. Si ese lugar de enfoque en su vida está en Cristo, el Monte Santo de Dios *(Heb. 12:22-24)*, entonces usted está a punto de hallar los más extraordinarios tesoros que jamás encontrará en lugar alguno de este planeta tierra; cosas en las cuales anhelan mirar los sabios de este mundo, mas no pueden, porque para el hombre que vive en su estado natural las cosas que pertenecen al

Espíritu de Dios son insensatez y locura, y no pueden entenderlas porque solamente son discernibles de manera espiritual *(1 Co. 2:14)*. Mas a usted le serán reveladas en la misma medida que se adentre en una relación íntima y personal con Cristo, allí en el lugar donde sólo puede entrar usted y donde Dios sólo desea tener un encuentro con usted, el íntimo secreto de Su Monte Santo. Allí Él, por Su Espíritu Santo, le entregará los tesoros escondidos; preparados para usted desde antes de la fundación del mundo cuando Él pensó en Su corazón crearlo a usted y bendecirlo de una manera única y especial mientras viva en esta tierra, antes de entrar en la plenitud de Su reino prometido *(1 Co. 2:9)*. Porque sólo en Jesucristo, el amado Unigénito Hijo de Dios, están las eternas riquezas que no añaden tristeza ni confusión al alma; Él debe ser el punto de enfoque en su vida, pues Él es la plenitud de la gracia y el amor de Dios para su vida, y en quien usted puede hallar las riquezas de pleno entendimiento para conocer el misterio de Dios el Padre y de Cristo… *"en quien están escondidos todos los tesoros de la sabiduría y del conocimiento"* *(Col 2:2-3).*

Esta es la realidad, una gran parte del pueblo de Dios está durmiendo a la puerta de aquello que Dios, el Padre, ha determinado heredar a los hijos del reino, y lo triste es que hay una gran división por causa de esto. Unos teniendo sus ojos puestos en los ofrecimientos de este mundo, y otros, mirando tan sólo el dolor y el sufrimiento sin avanzar a otro nivel de fe en Jesucristo. ¿Por qué? Quizás porque para muchos es más fácil asir aquello que pueden ver y palpar con sus sentidos naturales, y les causa placer y seguridad emocional; en tanto para otros, es mejor dormir a la puerta de lo que saben que es suyo, pero que no quieren tomar ahora por el compromiso que implica cruzar el umbral de la puerta *(Mt. 7:13)*. Hay muchos hijos de Dios postrados ante la puerta, lamentando "su pobreza" y buscando desesperadamente respuestas en todo lado, y esto los hace presa fácil de los espíritus engañadores. La Palabra de Dios tiene una riqueza tal, tan alta, tan ancha y tan profunda que cada uno de nosotros debemos percatarnos de ello. En ella encontramos lo que somos en realidad como hijos de Dios, somos ricos, realmente ricos al poseerla; no sólo por el hecho que tenemos acceso a ella en las diferentes traducciones que hasta el día de hoy se han producido en todo el mundo, sino por poder atesorarla en nuestro corazón. En el libro de Apocalipsis 2:9, el Señor dice a la iglesia de Esmirna: *"Yo conozco tus obras, y tu tribulación, y tu pobreza (pero tú eres rico)"*; Dios sabe lo que cada uno de sus hijos vivimos día a día, lo único que Él espera de cada uno de nosotros es que nos levantemos y crucemos el umbral, para encontrar allí aquello que ha preparado para los que le aman *(1 Co. 2:9)*. Estoy totalmente seguro que si usted ha comprendido esto, no tardará en atreverse a entrar en un nuevo nivel de fe en su relación con el Señor en Su Monte Santo; usted no es pobre ni desventurado, usted es la persona más rica en este mundo, usted tiene el principio y el fundamento para ser realmente rico y próspero como hijo de Dios. Todas las cosas maravillosas están aguardando por usted tras la puerta que fue puesta en este mundo para que usted entrara a disfrutarlas, Jesucristo: *"Despiértate, tú que duermes, Y levántate de los muertos, Y te alumbrará Cristo" (Ef.5:14).* Pero, ¿cuáles son estos tesoros? ¿Y porqué son tan importantes para el desarrollo personal de un hijo de Dios? Como vimos antes, el contexto del capítulo 6 del evangelio según San Mateo encierra una enseñanza maravillosa para quienes desean seguir a Cristo y adorar a Dios el Padre en Espíritu y en Verdad. Esto es, mediante la comprensión de la justicia de Dios y la práctica de esta, traducida en una vida de piedad, de oración y de ayuno.

Lo natural en nuestro mundo es que los hombres busquen las glorias terrenales. Durante mis años de peregrinaje como nueva criatura en Jesucristo, he visto a tantas personas buscando la fama y las glorias terrenales, que muchas veces me he preguntado: ¿En qué están glorificando al Dios de los cielos? ¿Cómo los hombres pueden hacerse notar más en sus logros, que mostrar al Dios que da los logros? La primera carta a los Corintios nos habla claramente acerca de esto, y el apóstol Pablo por el Espíritu completa esta idea diciendo: *"Así que, ninguno se gloríe en los hombres" (1 Co. 3:21).* Es lo que tratamos en el capítulo anterior de este libro: como pueblo de Dios debemos dar la gloria debida a Su nombre. Así exhorta el apóstol Pablo a la iglesia en la carta a los Romanos 12:3, ninguno de nosotros debe tener más alto concepto de sí mismo que el que debe tener, posicionándose por encima de sus hermanos. Al único que le pertenece este honor es a Jesucristo el unigénito Hijo de Dios, Él es la cabeza y quien tiene la preeminencia en todo *(Col 1:18)*. Por eso, para la salud espiritual del cuerpo de Cristo, es necesario comprender los tres aspectos de nuestra intimidad con Dios que contribuyen poderosamente al resultado de nuestra manifestación en el mundo como hijos de Dios. Aunque estos tres actos eran observados por la tradición judía en su religión, la piedad, la oración y el ayuno, son usados por Jesús para enseñar la excelencia de buscar "primeramente el reino de Dios y su justicia" *(Mt. 6:33)*, como el orden primordial para testificar el poder y la autoridad de Dios sobre todos los asuntos de la humanidad, desde lo espiritual, lo físico y lo material. Ya que el legalismo y el tradicionalismo que caracterizaban la religión judía, hacía que estas acciones tuvieran como fin resaltar a la persona y no el de glorificar a Dios en cumplimiento de Su justicia.

"Guardaos de hacer vuestra justicia delante de los hombres, para ser vistos de ellos; de otra manera no tendréis recompensa de vuestro Padre que está en los cielos" (Mt. 6:1). Es increíble cómo algunas personas siempre quieren resaltar sus capacidades ante los demás. Durante años en mi profesión como publicista y diseñador gráfico en este ámbito laboral, he percibido en muchas personas un afán enfermizo por sobresalir ante los demás; más con lo que ellos hablan de sí mismos que con lo que demuestran sus hechos.

Esto ocurre normalmente en el entorno laboral, todos quieren destacar sus talentos, hablar de cuan maravillosos y valiosos son sus logros, sus estudios, su familia, etc....y pareciera como si el centro del universo fueran sus vidas, tanto que el tema dominante de sus conversaciones es sobre sí mismos. Esto es algo que no está lejos del cuerpo de Cristo; en los años que llevo sirviendo he visto a personas llegar a la congregación, recomendándose a sí mismos como si fueran los únicos poseedores del don de Dios. Siempre hablan de "sus logros", "su unción", "sus capacidades", "sus pretensiones", "sus visiones", etc., y poco después no se les ve sirviendo en el ministerio y mucho menos congregándose. Quizás algunos olvidan que somos cartas leídas, no escritas a mano ni con tinta, sino con el Espíritu del Dios vivo, las cuales el mundo puede leer, no por nuestras palabras acerca de nosotros mismos sino por nuestros hechos en el mundo (*2 Co. 3:2-3*). En el contexto de Mateo 6, el sentido de justicia que nos enseña nuestro Señor Jesucristo, comienza haciendo alusión a uno de los deberes religiosos más sagrados que debía realizar todo israelita que era dar limosna. A todo judío se le demandaba ser justo y, para ser justo debía hacer justicia, y hacer justicia incluía el dar limosna. Dar limosna significaba un acto de benevolencia, dirigido a los desposeídos, esto formaba parte de la justicia del verdadero judío. Nuestro Señor Jesucristo hace aquí un énfasis, rechazando hacer la justicia con el único fin de impresionar y ser glorificados por los hombres. La justicia exhibicionista trae consigo su propia paga, la cual es momentánea y pasajera, por lo que Dios no interviene ni reconoce nada de ella. Limosna (gr. *eleimosúne* - ἐλεημοσύνη) significa "lo que se da por amor a Dios para socorrer una necesidad", de la raíz griega ἔλεος *(éleos)* que significa "tener compasión de, compadecerse, ayudar al necesitado"; este sentido era algo que se había perdido y era tal el deseo de ser considerado y reconocido como justo y que todos se maravillaran de verle como una persona tan benévola que ayuda a los pobres. Sí, quizás en este momento usted esté pensado lo mismo, hoy también se ha perdido este sentido y por eso vemos a muchos tocando trompeta, anunciando al mundo con sus labios lo buenos y obedientes que son a Dios; haciendo alarde de sus ofrendas, sus pactos, sus dádivas y sus proezas. Todo discípulo debe brindar misericordia a los demás, pero sin buscar ser honrado por los que reciben la misericordia, cuando se ofrenda no debe hacerse pensando en recibir, sino compartir con otros como una actitud que manifiesta la gratitud a Dios por lo que se ha recibido. La frase *"tocar trompeta"*, se refiere a la actitud hipócrita de dar limosna públicamente con el fin de ser vistos por otras personas para luego ser ensalzados por estas. Nuestro Señor Jesucristo termina esta porción de la enseñanza diciendo: *"…para que sea tu limosna en secreto; y tu Padre que ve en lo secreto te recompensará en público"* (Mt. 6:4). Hay algo maravilloso en obrar secretamente misericordia hacia otros, personalmente he visto el beneficio de esto; mi Padre que está en los cielos lo ha visto y me ha recompensado en público. En los momentos de necesidad y escasez, Él no ha permitido que mi familia y yo seamos avergonzados; antes por el contrario, ha cumplido Su palabra, aderezando mesa para mí en presencia de mis angustiadores *(Sal. 23:5)*. Él ha sido fiel y verdadero en Sus promesas, cuando he compartido con otros en lo secreto, sin saberlo he estado depositando en el tesoro celestial y Él ha tomado de allí para devolvérmelo, justo en el momento en que lo he necesitado. Recuerdo que hace poco más de diez años, había dejado un empleo con muy buen salario para servir en una pequeña congregación sin más incentivo que el amor al Señor (y así debe ser); llegó el momento en que se acabaron las provisiones en la despensa y no había dinero para suplir las demás necesidades. Era domingo, yo estaba encargado de pronunciar el sermón, y durante la caminata bajo el sol de la mañana hacia la congregación, mi familia comentaba lo delicioso que sería al regreso comer en el almuerzo un guisado de pollo con papas y tajadas de plátano maduro; mientras yo pensaba en el puñado de lentejas, que era lo único que había en la despensa. Mi corazón se oprimía en mi pecho de sólo escucharlos; pero al llegar a la congregación, había tanta gente que no había lugar para sentarse, y en lo único que centré todo mi ser fue en el mensaje. Después de ser ministrado poderosamente por el Señor durante el mensaje (porque siento que esa mañana el más ministrado fui yo), regresamos a casa y la realidad me estremecía. Yo mismo me ofrecí a preparar aquel puñado de lentejas, sazonado apenas con un poco de sal y abundante agua; ninguno pronunció una sola palabra, lo tomamos en nuestras manos y lo elevamos al cielo y oramos así: *"Padre, te damos gracias por Tu amor y Tu misericordia, y por este caldo de lentejas que es como un manjar para nosotros en medio de nuestra necesidad, en el nombre de Jesús amén".* No había acabado de decir amén, cuando alguien llamó a la puerta; al abrir era una hermana de la congregación que traía unos platos en sus manos, cubiertos con otros platos, por lo que no pude ver su contenido. Después de manifestar que desde la mañana había sentido un ardiente deseo de compartir el almuerzo con nosotros se despidió, y nosotros nos lanzamos sobre los platos. Al quitar las tapas nos regocijamos de ver que el almuerzo era ¡pollo guisado con papas y tajadas de plátano maduro! No faltó nada de lo que anhelamos en nuestro corazón aquella mañana. Después de ese instante comprendí que el Señor cuida de sus hijos, aún en los detalles más pequeños, como un guiso de pollo con papas y plátano maduro. Los que esperan en Él no tendrán falta de ningún bien, esto es algo que he experimentado siempre junto al Señor; Él ha cuidado de mí y de mi familia, sin que falte nada. Estoy seguro que Dios ha hecho memoria de mis dádivas, para retribuir a mi vida con bendiciones en el momento preciso. *"Tu Padre que ve en lo secreto te recompensará en público",* cuando usted hace misericordia a otros, Dios le recompensará de la forma y en el momento que menos lo espera. Usted sólo tiene que humillarse ante Él, no desesperarse por el reconocimiento y la gloria terrenal, y cuando sea el tiempo él lo llevará al lugar que ha preparado para usted *(1 P. 5:6)*.

"Y cuando ores, no seas como los hipócritas; porque ellos aman el orar en pie en las sinagogas y en las esquinas de las calles, para ser vistos de los hombres; de cierto os digo que ya tienen su recompensa" *(Mt. 6:5)*. Uno de los tesoros más preciosos que encontramos en la Biblia y con el que nos confrontamos en el Monte Santo de Dios, es la oración. Son muchas las enseñanzas que por todo el mundo se han publicado acerca de ello; pero es de valor aquí tratarlo, pues no se puede hacer alusión a una relación íntima y personal con el Dios viviente, sin hablar de algo que es trascendental en la vida del discípulo. Sin perder de vista el aspecto misterioso y trascendente que envuelve la realidad divina, está claro que la base fundamental de la oración cristiana es la fe en un Dios personal, Uno y Trino. El carácter personal y trinitario distingue esencialmente a la oración cristiana de cualquier otra expresión humana frente a la trascendencia. La doctrina bíblica de la oración destaca el carácter de Dios, la necesidad que siente el ser del hombre de entrar en una relación salvadora o pactual con Él, y de entrar plenamente en todos los privilegios y obligaciones de esa relación con Dios. Este era el medio por el cual los judíos se comunicaban con Dios, por lo general oraban de pie, aunque también lo hacían de rodillas, lo cual,

señalaba una mayor devoción. Como señal oraban postrándose con el rostro hacia el suelo y mostraban arrepentimiento al golpearse el pecho acusándose ante Dios. Esto en un acto genuino de adoración y humillación, resultaba en una tremenda manifestación de Dios, como lo vemos en el contexto de la Biblia; lo que Jesús reprochaba era en lo que se convertía la oración cuando se perdía de vista su valor, en un acto de hipocresía. En el castellano, y como lo define el diccionario de la Real Academia Española, hipócrita es definido como: "El que finge o aparenta lo que no es o lo que no siente. Se dice comúnmente del que finge virtud o devoción". En resumidas cuentas es el que deliberadamente y como hábito pretende ser bueno cuando sabe que no lo es. Pero el término mismo es una transliteración del gr. *jupokrités* (ὑποκριτής), que en general significa actor teatral. Aunque en el gr. eclesiástico adquirió pronto su significado moderno, parecería imposible demostrar que en el siglo I d.C. tenía este sentido. En la LXX se lo emplea dos veces para traducir el heb. *hãnēf* (חָנֵף), "sin Dios", "infiel". Cuando nuestro Señor Jesucristo dijo que al orar no seamos como los hipócritas, nos advierte que no debemos hacernos los espirituales. Es decir, que no oremos para impresionar a los que escuchan la oración, porque esa oración no va dirigida a Dios. En realidad el que ora para que la gente tenga una buena opinión de él, ya tiene su recompensa; pues, el ego a la verdad se regocija y siente cierto alivio de conciencia al dar la imagen de piedad, pero sin eficacia en la transformación del hombre interior *(2 Tim. 3:1-5)*. También los que levantan oraciones acusatorias o satíricas, son hipócritas, porque fingen que oran, pero en realidad no lo hacen; en esto la Biblia es muy clara y nos enseña que una oración al Uno y Trino Dios, exalta la grandeza del Padre en el nombre de Su Hijo Jesucristo y es totalmente dirigida por el Espíritu Santo: *"Porque todos los que son guiados por el Espíritu de Dios, éstos son hijos de Dios. Pues no habéis recibido el espíritu de esclavitud para estar otra vez en temor, sino que habéis recibido el espíritu de adopción, por el cual clamamos: ¡Abba, Padre! El Espíritu mismo da testimonio a nuestro espíritu, de que somos hijos de Dios. Y si hijos, también herederos; herederos de Dios y coherederos con Cristo, si es que padecemos juntamente con él, para que juntamente con él seamos glorificados... Y de igual manera el Espíritu nos ayuda en nuestra debilidad; pues qué hemos de pedir como conviene, no lo sabemos, pero el Espíritu mismo intercede por nosotros con gemidos indecibles. Mas el que escudriña los corazones sabe cuál es la intención del Espíritu, porque conforme a la voluntad de Dios intercede por los santos"* (Ro. 8:14-27). Claro está, debemos orar en público; esto forma parte de la proclamación que como pueblo de Dios hemos de hacer para testimonio de su gloria. Nuestro Señor Jesucristo oró muchas veces delante de multitudes y de pequeños grupos, y sus discípulos siguieron su ejemplo, por lo tanto, Él no está descalificando este tipo de oración sino la mala motivación que los hacía orar de esta manera. Ellos, los hipócritas, *"aman el orar de pie en las sinagogas y en las esquinas de las calles para ser vistos de los hombres"*. La interioridad que corresponde al recogimiento o toma de conciencia necesaria del Dios presente, es sumamente importante en nuestra relación con el Señor, pues sin esta la oración resulta vacía. También la expresión exterior responde a la condición sensible del hombre, en relación vital con el Espíritu. Las oraciones de nuestro Señor Jesucristo en público fueron muy breves, pero en privado, cuando nadie lo veía, se pasaba toda la noche orando. En el Monte Santo de Dios, nuestra vida secreta de oración tiene que ser mayor y más extensa que las que hacemos cuando otros nos ven o escuchan. El Señor conoce nuestro corazón, sabe de nuestras peticiones antes que se las expongamos *(Mt. 6:7-8)*, lo que Él desea es que vayamos a su presencia y entablemos un diálogo, donde el deseo más ferviente de nuestro corazón sea escuchar Su voz. En el griego bíblico se utiliza la palabra *battologéo (βαττολογέω de Βάττος =* Báttos, *tartamudo proverbial, charlar tediosamente y* λόγος = lógos, *algo dicho, incluído el pensamiento)*, que significa "repetir palabras sin sentido, parlar", "parlotear sin medida" o como traduce la Nueva Versión Internacional: *"Y al orar, no hablen sólo por hablar"* (Mt. 6:7). En muchas manifestaciones religiosas del mundo, practicantes de religiones que no conocen al Dios viviente, repiten y repiten sus oraciones guiándose por un rosario o por otros medios de práctica ritual, pensando que esa oración es un mérito que van ganando. Personalmente he aprendido que la oración es mucho más que palabras elocuentes y adornadas, la oración es el tesoro más precioso por medio del cual puedo experimentar la cercanía de mi Padre celestial. Es en la intimidad de la oración, cuando he escuchado más fuerte la voz de Dios. Quizás muchos van al culto y dicen: Dios me habló hoy, un profeta me dijo que seré esto o aquello, y esto los llena de mucha esperanza y motivación; pero al cabo de unos días, meses y hasta años, en sus vidas no pasa nada. No experimentan cambios de actitud y por el contrario, terminan volviendo atrás. Cuando entro en el secreto, en Su Monte Santo, y antes que abrir mi boca empiezo a reconocer lo que Él es, veo claramente lo que no soy. Entonces me quebranto delante de Su presencia, y este es el momento en que Él abre sus labios para enseñarme ¿Enseñarme qué? Que cada día, cada mañana, cada tarde y cada noche yo debo mirarlo a Él, para ser transformado y poder reflejar en mi vida, como en un espejo, Su gloria *(2 Co. 3:17-18)*. La mayoría de las personas se jactan de decir "Dios me habló", "Dios me dijo", "Dios me mostró" en relación con la vanidad y las pretensiones humanas; pero, nunca he escuchado a nadie decir "Dios me dijo que cambiara mi corazón" o "Dios me mostró que mi corazón aún está lleno de tinieblas", quizás por temor a perder la credibilidad o el respeto de otros. Durante mi peregrinaje por este mundo, he pasado por muchas pruebas, momentos en que he sentido como que voy a desfallecer, mas algo que no he dejado de hacer es buscar Su presencia en la intimidad de Su Monte

Santo. Y muchas veces después de lloriquear y pensar que el va a hacer un milagro de inmediato, lo único que he escuchado de Sus preciosos labios son frases como estas: "Cambia tu manera de ser", "cambia tú corazón", "entrégame tu corazón", "arrepiéntete de esto o aquello", "renuncia a esto o aquello", "perdona y ama", etc. En un principio, al escuchar Su voz, me entristecían las respuestas que escuchaba, cuando lo que necesitaba era que me sacara de mis apuros; pero después, cuando comprendí que más que escucharlo tenía que atenderlo, fue cuando empecé a experimentar los beneficios. *"Mas tú, cuando ores, entra en tu aposento, y cerrada la puerta, ora a tu Padre que está en secreto; y tu Padre que ve en lo secreto te recompensará en público" (Mt. 6:6).* Las contundentes respuestas de mi Señor me llevaron a buscar más y más esta comunión en la oración, dejé de quejarme ante otros y más bien le busqué en lo más íntimo de Su compañía, y Él me ha recompensado en público. El Dios que ve en lo secreto, me ha mostrado mi propio corazón; el resplandor de Su gloria ha traspasado mi ser, haciéndome ver tal y como soy en lo más profundo. Entonces, al ver claramente lo que está demás en mi vida, he podido renunciar a ello, y esto me ha preparado para disfrutar plenamente de Sus favores; no sólo con respecto a mí, sino también por quienes he intercedido a lo largo de estos años. He podido regocijarme al ver las respuestas que el Señor da en público, por quienes he intercedido en lo secreto por salvación, liberación, sanidad y milagros creativos, ¡a Él sea la gloria! Sus respuestas requieren compromiso y ajustes, mientras usted se niegue a comprometerse, asumiendo con responsabilidad cada acto de su existencia y ponga por obra los ajustes que debe hacer en su vida para seguir a Dios, su oración no pasará de ser una elocuente manifestación de bellas palabras.

"Cuando ayunéis, no seáis austeros, como los hipócritas; porque ellos demudan sus rostros para mostrar a los hombres que ayunan; de cierto os digo que ya tienen su recompensa" (Mt. 6:16). El ayuno era un período determinado de tiempo en que se abstenían de tomar alimentos. Los términos hebreos más utilizados en el Antiguo Testamento para referirse al ayuno son צוֹם = *ṣûm* (verbo) y צוֹם = *ṣôm* (sustantivo). La frase *'innâ nafšô* ("afligir el alma") también se refiere al ayuno, cuyo objetivo como se indica, en tiempos de calamidad era afligir el alma y dar fuerza a la oración. En el Nuevo Testamento los términos usuales en griego son νηστεύω = *nēsteuō* (verbo), y νῆστις = *nēstis* y *nēsteia* (sustantivos). En el libro de Hechos 27:21, 33, se emplean también las voces *asitia* (ἀσιτία) y *asitos* (ἄσιτος, "sin alimentos"). La ley judía había establecido el ayuno una vez al año en el *yôm kippûr* = יוֹם כִּפֶּר (día de expiación), y en lo que respecta a la práctica general de los judíos, este es el único ayuno anual que menciona el Nuevo Testamento *(Hch. 27:9)*. Pero los fariseos más estrictos lo hacían dos veces por semana, lunes y Jueves *(Lc. 18:12)*. Otros devotos judíos como Ana, solían ayunar

a menudo *(Lc.2:37)*. Aunque el ayuno no es una imposición formal sobre los hijos del reino, nuestro Señor Jesucristo nuevamente pone énfasis en el principio de reserva y recompensa espiritual. Él no está anulando el ayuno, sino que instruye que éste se haga con una actitud sincera como reflejo de la necesidad espiritual y comunión con el Señor y no como una muestra de aparente piedad para que los hombres se maravillen de nuestra capacidad de hacer las cosas. *"No seáis austeros"*, austero gr. *skudsropós* (σκυθρωπός) de *skudsrós* (σκυθρός = *enfurruñado*) que significa "de semblante iracundo, alicaído o demostrando una apariencia lamentable". La palabra griega aquí tiene el sentido de "cara triste, sombrío", por lo que el Señor enfatiza que por esta actitud el ayuno pierde su valor. Muchos caen en la religiosidad cuando no comprenden el propósito de Dios para sus vidas, y nuestro Señor Jesucristo trata el tema del ayuno en otros pasajes como Mr. 2:18-22 con relación a esta actitud. La participación activa en el Reino de los Cielos ha de llevarnos a ofrecer verdaderos sacrificios espirituales, aceptables a Dios por medio de una genuina relación íntima y personal con Cristo, y no tan sólo con las prácticas externas o las posturas religiosas *(1 P. 2:5)*. Esta ha sido la actitud de muchas personas que piensan que hacen méritos para con Dios al mantener esta actitud, las cuales tienen cierta reputación de sabiduría en culto voluntario, en humildad y en duro trato del cuerpo; pero que de nada sirven para contrarrestar los apetitos de la carne *(Col. 2:23)*. ¿Por qué no tiene efecto contra los apetitos de la carne? Cuando usted entra al lugar secreto en el Monte Santo de Dios, allí el Señor le revela que la práctica religiosa sólo satisface el deseo carnal de reflejar al mundo una apariencia de piedad, una falsa justicia que no es conforme a la justicia del reino de Dios; una actitud que ya tiene su recompensa en el reconocimiento público, en el afán de figurar como los más espirituales ungidos de Dios. Estoy seguro que usted ya los ha escuchado con tono de superioridad diciendo cosas como estas: "Ayuné tres días seguidos", "estoy en un ayuno de cuarenta días", etc. Pero, aparte del bienestar emocional que trae la manifestación de este logro, usted puede comprobar que su hombre interior no sufre mayores cambios. Conocer el propósito de Dios para nuestras vidas, significa romper con los esquemas religiosos que nos impiden obrar la voluntad de Dios. En el evangelio de Marcos, al señalar el error de coser un pedazo de tela nueva en un vestido viejo *(Mr. 2:21)*, nuestro Señor Jesucristo está señalando que su misión no estaría limitada a la tradición judía; su mensaje no venía a ser una añadidura a las leyes levíticas, sino que traía la esperanza de una vida completamente nueva. Un cambio de conciencia, es lo que verdaderamente va a tener un impacto significativo en la manifestación de los hijos del reino en el mundo *(1 P. 3:8-22)*; cuando permanecemos en las palabras de Jesucristo, somos verdaderamente sus discípulos, es entonces cuando verdaderamente comprendemos la verdad de Dios y esta verdad nos hace libres *(Jn. 8:31-32)*. *"Porque Dios, que mandó que de las tinieblas resplandeciese la luz, es el que resplandeció en nuestros corazones, para iluminación del conocimiento de la gloria de Dios en la faz de Jesucristo"* (2 Co. 4:6). Esto significa que Dios no se glorifica en los aspectos que proceden de la apariencia externa del hombre, pues el problema de la perdición del hombre no radica en la influencia externa que ejerce el mundo sobre su vida, sino en lo que procede de lo profundo de su propio corazón…*"Porque de dentro, del corazón de los hombres, salen los malos pensamientos, los adulterios, las fornicaciones, los homicidios, los hurtos, las avaricias, las maldades, el engaño, la lascivia, la envidia, la maledicencia, la soberbia, la insensatez. Todas estas maldades de dentro salen, y contaminan al hombre"* (Mr. 7:21-23). Así que, usted puede hacer como muchas personas, afligir su hombre exterior (*exō anthrōpos* = ἔξω ἄνθρωπος) y mantener una apariencia externa de piedad, mientras su hombre interior (*esōthen* = ἔσωθεν), quien es realmente usted en lo profundo de su ser, lo que realmente le interesa a Dios, se echa a perder. Jesús lo dijo claramente: *"Porque ¿qué aprovechará al hombre, si ganare todo el mundo, y perdiere su alma? ¿O qué recompensa dará el hombre por su alma?"* (Mt. 16:26). El asunto es, que una vida renovada por el sacrificio de Cristo ha de ofrecer un culto racional en un entendimiento renovado de su entrega a Dios *(Ro. 12:1-2)*. El ayuno no es una imposición formal sobre el cristiano, pero sí es recomendable su práctica en un espíritu de oración y súplica, ya que la vieja naturaleza siempre tira en contra de los propósitos de Dios *(Stg. 1.19-27)*. El verdadero ayuno, tal como lo enfatiza el Señor a través del profeta Isaías *(Is. 58:1-12)*, no es otra cosa que manifestar al mundo la justicia del reino de Dios y no la de los hombres. Al entrar en tal ayuno, conociendo el propósito de Dios, nos lleva a ser adoradores en Espíritu y en Verdad. Es de temer que por cuanto muchos han abusado del ayuno en el pasado, haciéndolo una práctica obligatoria y externamente formal, los creyentes han descuidado la unión del ayuno con la oración. El espíritu del ayuno se halla en la propia negación, y surge de la profunda conciencia de necesidad y urgencia, de allí que vaciar el vino nuevo en recipientes viejos estaba en que tanto los recipientes como el vino se podían perder *(Mr. 2:22)*. Se nota en esta parábola un contraste entre las instituciones legales del Antiguo Testamento defendidas por los fariseos, y la verdad nueva traída por Jesucristo. La respuesta de nuestro Señor Jesucristo a la pregunta de los discípulos de Juan se concreta así: "mis discípulos no ayunan porque no pueden encerrar el espíritu nuevo del reino en las formas usadas del judaísmo". Así es que los sacrificios espirituales, como el ayuno, deben ser el resultado de nuestra relación con Dios, el haber sido transformado por Su palabra, y no una mera práctica de fórmulas para prosperar y recibir algo a cambio.

La auténtica justicia puede ser expresada por la piedad, la oración y el ayuno, pero con el fin de engrandecer el nombre de Dios y nunca como una manifestación egocéntrica de quien lo practica. Usted y yo somos llamados por Dios a seguir una justicia verdadera, pues en Jesucristo somos hechos justicia de Dios. Una justicia que podemos mostrar al mundo, encontrando en el Monte Santo de Dios los tesoros que permanecen ocultos a los ojos de quienes gustan de la vanidad y el ilusorio ofrecimiento de este mundo. Estoy seguro que al ponerlo en práctica en su vida, usted verá el verdadero poder que glorifica a Dios en toda su existencia. Como dijo el apóstol Pablo: "para que la grandeza de las revelaciones no nos exalten desmedidamente" *(2 Co. 12:7)*; al entrar en la presencia de Dios en Su Monte Santo, usted aprenderá a gloriarse en sus debilidades para que el poder de Cristo repose sobre su vida. Este es el tiempo de levantarse y dejar de dormir a la puerta del lugar donde Dios aguarda con insondables tesoros de conocimiento y sabiduría. Aquel conocimiento y sabiduría que la humanidad ha rechazado desde la antigüedad hasta hoy, mas para los que creemos, es poder de Dios que transforma y nos da la mente de Cristo *(1 Co. 2:16)*. Sabiduría que excede a los planteamientos del hombre por el hombre, los cuales hasta hoy enseñan los maestros de este mundo, conforme a sus propias concupiscencias y que desembocan en una falsa espiritualidad que sólo trae perdición a la humanidad. Dios le ha escogido a usted para escudriñar estos tesoros, los cuales ha preparado desde antes de la fundación del mundo, esperando cada mañana, cada tarde y cada noche, a que usted decida levantarse y cruzar el umbral de la puerta hacia un mundo maravilloso, el reino de Dios.

Padre, hoy has abierto mi entendimiento a la dimensión de la vida abundante en Cristo Jesús, yo sólo anhelo cruzar la puerta para ser transformado en aquello que Tú has determinado. Ayúdame, guíame y no permitas que en ninguna circunstancia de la vida, yo olvide las cosas maravillosas que allí me enseñas, para que pueda vencer y manifestarme al mundo como un hijo tuyo. Amén.

Epílogo

Escudriñad las Escrituras; porque a vosotros os parece que en ellas tenéis la vida eterna; y ellas son las que dan testimonio de mí.

Juan 5: 39

*E*stoy seguro que al terminar de leer este libro, usted ha quedado con la sensación de que todo no termina aquí. Ya que subir al Monte Santo para entrar en una dimensión nunca antes experimentada de su relación con Dios, no es cuestión de una metodología sino de vida.

Sería demasiado pretencioso el pensar que este escrito funcione por sí sólo como la panacea contra los males espirituales que rodean al hombre, tal como lo intentan hacer la mayoría a través de fórmulas que para muchos no arrojan resultado alguno. Para que esto funcione se requiere de esfuerzo y constancia. Tal como se lo dijo el Señor a Josué al poner sobre sus hombros la responsabilidad de cumplir Su voluntad para con el pueblo de Israel: *"Nunca se apartará de tu boca este libro de la ley, sino que de día y de noche meditarás en él, para que guardes y hagas conforme a todo lo que en él está escrito; porque entonces harás prosperar tu camino, y todo te saldrá bien. Mira que te mando que te esfuerces y seas valiente; no temas ni desmayes, porque Jehová tu Dios estará contigo en dondequiera que vayas" (Josué 1: 8-9).*

Usted deberá esforzarse por escudriñar la Palabra de Dios y hacerla vida en su vida, lo que usted acaba de conocer a través de este libro, es tan sólo un principio. Tal como lo indica la palabra, este primer instante es "el comienzo" para adentrarse en la infinita voluntad de Dios. Y como he dicho antes, no se trata de fórmulas que le harán prosperar de la noche a la mañana, de las cuales está plagado el mundo. Se trata de una entrega total diaria, sesenta segundos cada minuto; sesenta minutos cada hora; veinticuatro horas cada día, trescientos sesenta y cinco días al año por el resto de su vida. Es decir, una consagración de su mente, sus emociones y su voluntad al entendimiento y al servicio del Dios altísimo que quiere revelarle a usted Su voluntad, Sus planes y Sus propósitos mediante una relación continua de amor. Las verdades anteriormente expuestas fueron dadas a su vida, en primera instancia para quitar el velo que le impedía ver con claridad el lugar en el que usted se encuentra delante de Dios, y por lo cual ha sido hecho libre…*"y conoceréis la verdad, y la verdad os hará libres" (Jn 8:32).* A medida que usted medite en estas verdades y comience a hacerlas vida en su vida, se dará cuenta del poder que contienen en sí mismas. Usted empezará a manifestar el poder de la palabra en una dimensión nunca antes conocida, experimentando en todo lugar cómo el señorío de Cristo en su vida conduce a la rendición del universo circundante ante usted, al manifestarse como un hijo suyo; lo cual se traduce en vidas transformadas, situaciones difíciles cambiadas en bendiciones, liberación de la opresión demoníaca, señales y milagros de lo alto a través del recipiente que Dios ha escogido para manifestar Su gloria y Su poder al mundo, su vida. *"Porque el anhelo ardiente de la creación es el aguardar la manifestación de los hijos de Dios" (Ro. 8:19).*

Hay algo tremendo que está ocurriendo ahora mismo en el ámbito espiritual, que quizás usted y los que le rodean no perciben. Mientras usted se adentra en el Camino que le conduce a la presencia de Dios en Su Monte Santo, por la única puerta dispuesta por Él para hacerlo, Jesucristo, la abundancia se está ordenando para su vida. Esa abundancia espiritual que el Señor ha preparado para usted, la cual hará materializar toda petición que haga de aquí en adelante para su vida y para aquellos por los que interceda. *"Si permanecéis en mí, y mis palabras permanecen en vosotros, pedid todo lo que queréis, y os será hecho" (Jn. 15:7).* Es lo que ocurrirá cuando usted empiece a exhalar en todo lugar la presencia de Cristo en su vida. La luz admirable de Cristo será en usted la forma que lo cambie todo a su alrededor: *"Mas a Dios gracias, el cual nos lleva siempre en triunfo en Cristo Jesús, y por medio de nosotros manifiesta en todo lugar el olor de su conocimiento" (2 Co. 2:14).*

Esta es la razón por la cual las verdades del Monte Santo de Dios expuestas en este libro, son un principio vital para quienes desean ser transformados y trascender en el conocimiento de Dios. A medida que avance en el razonamiento de la palabra de Dios, surgirán más preguntas en su corazón, y será el Espíritu Santo quien le guíe a toda verdad *(Jn. 16:13)*. Mientras tanto mi compromiso es hacerle llegar en una segunda entrega los tesoros que he hallado en el Monte Santo de Dios, los cuales me han hecho libre en una manera incomparable para caminar con Él, viendo su inefable gloria a cada paso de mi vida. La auténtica sabiduría que estuvo oculta para los "sabios de este mundo" y que ha sido designada por Dios desde Su secreto en la eternidad para nuestra gloria. La cual sólo pudo ser entregada en nuestras manos por aquel "Verbo eterno" que rompiendo los cielos, asumió forma de siervo, en semejanza de hombre para revelarnos los verdaderos tesoros del lugar donde ni la polilla ni el orín corrompen. Verdades reservadas desde antes de la fundación del mundo para quienes decididamente crucen el umbral de la puerta angosta que conduce a la salvación, Jesucristo.

Harvey García Bautista
Diciembre 18 de 2010

www.ingramcontent.com/pod-product-compliance
Lightning Source LLC
Chambersburg PA
CBHW021009180726
47993CB00019B/2098